渠水情

张伯苓作品大家谈

张伯苓 编著

天津出版传媒集团

天津人民出版社

图书在版编目（CIP）数据

渠水情：张伯苓作品大家谈 / 张伯苓编著.

天津：天津人民出版社，2025.8. -- ISBN 978-7-201

-21397-2

Ⅰ. I206.7

中国国家版本馆CIP数据核字第20255P0A01号

渠水情：张伯苓作品大家谈
QUSHUIQING：ZHANGBOLING ZUOPIN DAJIATAN

出　　版	天津人民出版社	
出 版 人	刘锦泉	
地　　址	天津市和平区西康路35号康岳大厦	
邮政编码	300051	
邮购电话	（022）23332469	
电子信箱	reader@tjrmcbs.com	

责任编辑	岳　勇
特约编辑	张素梅
装帧设计	汤　磊

印　　刷	天津海顺印业包装有限公司
经　　销	新华书店
开　　本	710毫米×1000毫米　1/16
印　　张	16.75
插　　页	1
字　　数	160千字
版次印次	2025年8月第1版 2025年8月第1次印刷
定　　价	68.00元

序 言: 水到渠成　实至名归

万镜明

宝坻作家张伯苓曾担任区政协副主席,熟悉他的人都习惯性地称他为"张主席"。近年来,他的几部作品集如《马季生前与身后》《摆渡》《窝头河的春天》等,在业界颇具反响;同时,他积极参与策划、推动的马季艺术研究会、"马季杯"全国大学生相声展演等系列活动已经在全国形成了品牌效应。因而我一直认为,张主席著文认真、工作勤勉,是一位令人尊敬的既有情怀又有成就的作家。

说他有情怀,是因为张主席具有深沉的对家乡厚土的热爱之情。生长在宝坻这片历史悠久、文化底蕴厚重的土地上,他植根于基层工作,在常年的磨砺中练就了执着坚韧的品性;他笔耕不辍,以自己亲身经历的生活作为创作素材,写出了一个个生动感人的故事。

读张主席的作品,无论是纪实、传记、散文还是者小说,都能感受到他在乡土乡村里徜徉、与乡邻乡亲融为一体的亲情;同时,读他的每一篇文章、每一段文字,都是从容不迫、娓娓道来,显现出他熟稔的笔力和深厚的文字功底。所以张主席笔下的人物,无论是辉煌耀眼的名家大师,还是生活中的一系列平凡人物,读到他们,都感觉是在读我们身边熟悉的某个人,更像是在读我们自己。这是因为作品中不仅体现了作家的情怀，更体现了一种情感共鸣，这种情感共鸣不仅是乡土的、个人的，也是社会的、时代的，更是中华民族的，是渗透在我们每个人血脉中的中华民族的传统文化精神。这种精神质朴、顽强、昂扬向上，通过作家笔下形形色色的人物展现出来，也正是这样的人物群体，构成了社会生活的坚实脊梁，支撑着中华民族几千年的艰辛历程。从这个角度也可以说，张主席的文学作品，在写好中国人物、中国故事的命题上取得了不俗的成就。

有情怀的人便有了自觉的使命与责任，而且要主动去承担这份责任。2016年3月，马季艺术研究会在天津师范大学正式成立，随后，"马季杯"全国大学生相声展演、马季相声论坛、为基层送欢笑、电视栏目《马季相声会》等重要活动相继展开。2018年，教育部公布的首批55个中华优秀传统文化传承基地中，天津师范大学赫然在榜，成功获批了相声传承基地。在此期间，尽管经历了三年疫情的特殊阶段，但两年一届的"马季杯"全国大学生相声展演和系列活动却从未间断，在全国范围内征集到的相声原创文本、积极参与创作和表演的大学生数量都越来越多。经过几年的努力，形成了由中华曲艺学会、天津市文联、天津师范大学和宝坻区委、区政府四家联合打造的马季相声艺术文化品牌，为相声艺术的传承营造了很好的文化氛围，又一次彰显了天津这座城市的传统文化底蕴和现代艺术教育的综合实力。

雪球越滚越大，却很少有人知道，具有如此规模和影响的活动背后，几乎每一个环节都凝聚着张主席的心血和汗水。从策划、推动到具体工作的落实，上至京津两地的领导和艺术家，下至主办、承办、参与单位的各种层级，多方面千丝万缕关系的联络对接，几乎都有张主席不辞辛苦的"穿针引线"。这恰恰得益于他自身的积累与储备:长年写作中的采访、合作,他同很多名人大家都结成了好友;多岗位的工作经验,他熟知各种类型活动的规则和流程。这期间,多少次高速往返,多少次电话联络,多少次请示汇报,多少次拜访沟通,早已不计其数,他却始终乐此不疲,这些看上去并不起眼的细微琐事累积起来,往往能达到润物无声的实际效果。作为一位退休多年的老同志,他以自己的满腔热忱与辛苦付出,博得了各方面的感动和支持。每次活动,全国各地和本市的主要相关领导、包括有代表性的艺术家们都会出席;中国曲协原主席、相声表演艺术家姜昆的日常工作节奏几乎像加速了的机器般地忙碌,但在天津马季相声艺术文化品牌连续多年的主要活动中,姜昆主席竟无一次缺席。

长期在文坛的辛勤耕耘和对文艺事业的执着努力,形成了张主席在文学界和艺术界的良好声望。随着他越来越多的文学作品不断面世,随着他努力推动的马季相声艺术文化品牌影响的不断扩大,作为作家和社会活动家的张主席也越来越多地引起了众多艺术名家和各类媒体的关注。本书所收集的,就是这些关注和反响的记录。有姜昆、邵华泽、尚长荣、徐沛东、莫言等文学艺术家分别题写的书名,这些题字或飘逸或典雅,展现了艺术大家的修养风范;有刘兰芳、白燕升、傲腾、王振德、何建明、李治邦等名家分别撰写的序言,他们对张主席的性格与文风非常熟悉,因而概括精当,文字优美流畅;有刘兰芳、姜昆、唐杰忠、冯巩等著名艺术家以各种方式参加《马季生前与身后》一书首发式的讲话,包括很多艺术家、评论家参加每部作品座谈研讨的发言;还有媒体的文化栏目对张主席的访谈,等等。虽然大家一致对张主席的作品成就给予了高度评价,但并非华而不实的溢美之辞,而是对传统文化的传承与发展、乡土文学的风格与特征、作家的情怀与担当等问题进行了归纳与探讨。这些内容都很充实,不乏真知灼见。

　　初识张主席是我在天津作协主持工作期间,这位与我母校校长同名的作家引起了我极大的兴趣,因而对他的作品也尤为关注。他的散文是我比较偏爱的,那种聊家常般的叙述方式总能使人沉下心来去细细品味,似乎嗅到一股股淡雅清新的乡土气息。我在文联工作的时候则更多地见证了张主席对弘扬传统文化的责任心和担当精神,他以自己的认真执着,做成了很多人做不到的事,这份情怀尤其令人感动。日常生活中,张主席为人谦和,做事低调,既有乡村人的朴实,更有文化人的智慧,很有亲和力,也非常受人尊敬。这部书能够结集出版,对于张主席来说,实际上是水到渠成,实至名归,所以我就用这几个字做了标题。

　　　　　　　　　　　(万镜明,天津市文联原党组书记、副主席,研究员)

目　录

第一章　精道点评

中华优秀传统文化是我们生生不息的血脉。这些年，自己置身乡土，将几十年人生经历与沉淀加以梳理，并着力挖掘独特资源，创作出版了具有浓郁特色、充满乡愁乡韵乡音的六部著作，引起相关领导和专家学者的高度重视，先后举办了五次出版座谈会。想不到我一个业余作者出的几本书，却得到这么多名家的关注。创作之时，我都没意识到，从我的这几本书中，专家学者竟提炼出这么多具有历史价值、艺术价值、时代价值的东西。当初我只是想讲一讲宝坻故事、中国故事、红色故事，以我的微薄之力，弘扬中华优秀传统文化。高人的点拨让我茅塞顿开，学到了好多东西。不知此事有来者，此事受益我良多。

一、《马季生前与身后》出版座谈会

2011年3月18日下午3点，由中国广播艺术团、中国曲艺家协会主办的张伯苓所著新书《马季生前与身后》首发暨出版座谈会，在北京广电国际酒店隆重举行，马季先生的弟子、家属和曲艺界、理论界、新闻出版界的专家学者出席，对新书出版给予高

首发式主席台

度评价。马季先生的弟子赵炎主持了座谈会。

故乡人的骄傲

张伯苓

尊敬的各位领导、各位艺术家、各位来宾、新闻界的朋友们，大家下午好！

非常感谢大家在百忙之中出席《马季生前与身后》出版座谈会。应该说，今天大家都是为了纪念马季大师而来，是马季大师把我们聚在了一起，我更是沾了马季大师的光。在这样的一个隆重的场合，在中国曲艺界的最高领导、在众多曲艺名家面前，面对面地向大家汇报创作情况，聆听各位的指导教诲，我感到非常的荣幸！

这本书我是怀着对马季大师深厚的感情写出来的，字里行间都渗透着一种情怀。马季大师是从我们宝坻走出去的艺术家,宝坻人因为有了马季这样的骄子感到无比自豪。说实话,在孩童时自己就喜欢听马季先生的相声,就非常仰慕他。我与马季大师生前有过多次接触,彼此结下了深厚的友谊。2001年12月,在宝坻电视台与中央电视台联合拍摄春节特别节目《宝坻春歌》时我与先生相识,之后我们之间就一直保持密切联系。亲耳聆听他的教诲,使我受益匪浅,受用长远。他对我说:"区里的电视媒体很重要,要用好这个平台,做点大事情。"当我向他汇报家乡电视台开办了评剧栏目《开心双日》的情况,他非常兴奋,对我说:"这个栏目开得好,评剧是咱们宝坻的文化根脉,河南台《梨园春》主打豫剧,我参加过他们的栏目,搞得很红火,弘扬草根文化,这是个大事情,是篇大文章,区里有眼光,抓到点儿上了。"说实话,当时正是我们的评剧栏目开办初期,遇到了很大困难,大师的一席话,激励着我们迎难而上,对节目的未来更加信心百倍。2004年7月,栏目开办三年的时候,我们要搞第一届评剧擂主总决赛,我到先生家向他汇报并请他参加助兴演出,他二话没说,"为评剧推波助澜这是个好事情,什么时间搞,提前告诉我,我一定参加"。

大赛那天,大师从南方飞回,没顾上回家,就从北京机场直接来到宝坻,亲临大赛现场并登台演出,在全区引起震动,这对我们又是一个很大的鼓励、鼓舞。还有宝坻电视台建台十周年时,先生得知后亲笔题词"占尽风情向小园",以此祝贺家乡电视台十周年台庆。说实话,自己在广电工作的几年里,先生给予我很多的鼓励和支持。精语点拨醍醐灌顶,受益多多。许多栏目的开办和大型电视文艺活动的组织,也得益于他的影响和启发,才使得这些栏目逐渐发展壮大起来并形成了重要的文化品牌。

由于马季先生对我的呵护、厚爱,我们彼此更加亲密了。我有事找他,他有求必应,每次到家里看他,他对我这个老乡都优厚三分,什么时间去都笑脸相迎,那个热情劲儿很快使你有了到家一样的感觉。有一次我到天通苑看他,正赶上凤凰卫视采访他,听说我来了,他把凤凰卫视的人送走后,赶快让保姆下楼接我。那天马季先生、于波老师、先生的弟弟中午还请我吃火锅,这么出名的大家又是为我夹菜又是让酒,使我非常动容。我感觉,大师对我这样,有一个重要的原因那就是乡情,他是要通过我把这种乡情传递到故乡。他生前曾对我说,要回黄庄村走一走看一看,要为故乡宝坻写一段相声。没想到的是,他突然离开了我们,两个未尽之愿成为遗愿。那时我就在内心许下诺言,一定要以家乡的视角给马季先生写一本书,记录好他与家乡交往的浓浓深情和鲜为人知的故事,表达自己、表达家乡人民的怀念之情。

2007年,先生去世一周年,区里在家乡举办马季先生从艺五十年晚会后,我就开始进行了艰苦的采访。因为马季先生与家乡这方面留下的资料不多,好多方面都得从头开始,特别是马季的生前部分。马季先生很早之前就离开了黄庄,能说清他的家史的人不多了。我就深入村子,找与马季过去联系比较紧密的马家老人,把他们集中到乡里开座谈会,为我提供了大量素材,但有的事他们也说不清楚。得知他的几个居住在天津市区的马姓家族老人知道得比较多,我就驱车到天津市区,挨家挨户地找。住址不详,我们就带上黄庄村的人,一个小区一个小区地找,一个街道一个街道地问。因为市区街道改造变化比较大,往往去了一天空手而归。有一段时间,为了搞清楚一个细节,我就天津、北京、黄庄反复奔波。仅为弄清楚马家老宅所在地,我就动员了若干人,用了几个月时间才算水落石出,见到了当事人,拿到了第一手资料。在这两年的采写过程中,无论遇到什么困难和问题，我都坚定信心，一定要把这本书写成。写这样的书、写名人的书，我是第一次。我有自知之明，虽然写作水平不高，但我坚守的底线是书中内容必须真实，必须经得起历史的检验。所以我力求多采访马姓老人、家人、先生的弟子等与马季先生密切接触的人，文字处理上尽量做到原汁原味。

为了尽快还愿，2009年的大年初一到初七，利用春节长假，我在政协机关闭门写作赶进度，有时一坐就是十多个小时，时间长了，屁股上磨出了腿子，也开始出现心动过速及漏跳，但我全然不顾，夜以继日地奋战，度过了一个特殊的春节。历时三年多，终于把初稿赶写出来了。

在采写过程中，我有许多感动。为马季先生的人品艺德感动，为他一生守候相声的精神感动，为被采访人的热情感动。在马季先生的家乡黄庄村，听说我们要采访马季家的事，马姓家族的那么多七八十岁的老人，走几里路来到乡政府，有的人拄着拐杖也要来，说说他们知道的马家事，并给我很大的帮助。他们说，张主席，马季给我们马家光宗耀祖了，你这是在给我们马家做功德呀，趁着我们还在，你赶快把我们马家的事记下来，不然我们这些人没了，资料就没有了。这件事在他们每个人的心中都是一种期待。

在采访过程中，我为先生的弟子们感动。他们的言行中强烈渗透着马季先生的人品、艺术、艺德，他们中的许多人已成为著名的艺术家、相声大家，可采访他们，像采访普通人一样。他们没有架子，平和、亲近、友善，一说起相声来滔滔不绝，一谈到自己却低调谦虚，"我们就是个说相声的，就是一个普通演员"。谦祥、增瑞、赵炎，马季元素在他们的身上都有充分的体现，要说继承，他们把师父的这些东西早已融入自己的骨髓里。在我的采访中,不仅看到这些弟子的思念、怀念之情,更多的还是要完成师父未竟的事业,沿着师父开辟的道路走下去的铮铮誓言和行动举措。在京津新城采访姜昆老师时,他动情地说:"马季老师是中国相声界一个里程碑式的人物,一个名副其实的大师,一个永远活在人们心中的伟大艺术家。他还有没有做完的事,我们也都在等着他,等着马老师带着我们做,但现在我们只能按照他老人家的意愿一件一件地做好。马老师常常教导我们要写新节目、要让老百姓满意、为老百姓创作,我们要沿着师父指引的道路走下去,把笑声送给观众!"

在采访中,我为马季先生家的家风感动。平和、亲近、孝顺、温馨,马家"扶风春境"的本色辈辈相传,发扬光大。在采访中,我深深感到,马季先生心地善良到了无以复加的程度,别说对家人、弟子、朋友、同事,对生灵都是如此。在洼里住的时候家里地方大,养了几只鸡,要杀鸡,那可不行。先生说:"一个不能杀,都给我留着,回头我还得给他们养老送终呢!"那狗也是,他家养了两只狗,一个叫黑虎、一个叫小球球,有时这狗就跑到马季先生的床上,轰不走就一起睡。马季先生的这个家,充满着浓厚的亲情,妹妹、弟弟、哥哥、嫂子、侄辈之间,和睦、和谐,情感交融。患病的弟弟一直跟着先生过,马季先生外出演出无论多忙也要给老母亲买回些新鲜东西,于波老师照顾八九十岁的婆婆无微不至,马东这辈儿更是孝敬有加,他攒下上班几年的全部收入在母亲过生日时给她买了第一块金表。马先生去世后,他怕母亲孤单,有一段时间,做完节目无论多晚也要从城里开车过来看看母亲。

在采访中,我还要感谢很多人。我要感谢黄庄乡、黄庄村的领导,他们对我的采访给予了大力支持,宝坻广电局的曹俊峰、张树强和杨卜年老师做了大量辅助工作。我要感谢《天津日报》文艺部主任宋安娜,她是位才女、著名作家,对我的写作给予了我很多鼓励,当我在写作中感到迷茫时,是她及时给我指明思路,让我度过了写作难关。我要感谢刘兰芳主席、姜昆先生,二位大家一直关注着这本书,并亲自作序、题写书名。兰芳主席开始就支持我,说:"你写吧,有什么事就到北京来找我。"我还要感谢先生的家人、弟子们为我的采访、写作提供了很多方便,马东还在百忙中对书稿进行了认真的审阅把关,没有他们的帮助这本书是不可能问世的。我要感谢新世界出版社的领导和编辑,精心设计,费尽心血,为出版工作大开绿灯,使这本书提前出版,成为怀念大师的最好礼物!

在这里我要告诉大师的在天之灵,连接您和家乡根脉的新书出版发行了,我内心向您作出的承诺实现了。今天,中国曲协、中国广播说唱团还为这本新书举办了隆重的出版座谈会,您的家人、弟子、曲艺界同人、曲艺界的领导都出席了这次活动,我们都为您高兴、为您自豪,这不仅是您的骄傲,也是家乡人民的骄傲。我要告诉您的是,家乡永远是您温馨的港湾,家乡人民永远怀念您,您永远活在家乡人民的心中!

最后,还要感谢为此次活动付出辛勤汗水的中国曲协、中国广播说唱团的朋友们,感谢刘兰芳主席、别团长、赵炎、王谦祥老师和宝坻老乡、文化部青联美术委员会副秘书长、画家孟庆占老师这么多天的辛勤操劳。这本书还存有很多不足,恳请大家批评指正。

另外也真诚地希望各位领导、各位艺术家到大师的家乡、美丽的宝坻做客,我们将以满腔的热情欢迎你们!希望马东多回家看看,希望先生的弟子们多回家看看,宝坻就是你们温馨的家。我的汇报就到这里,谢谢大家!

(张伯苓,《马季生前与身后》一书作者)

用赋予文化含量的方式纪念马季先生

董耀鹏

非常高兴参加这么一个大家云集、层次规格很高的座谈会，非常荣幸。今天中国曲协领导班子来了七位——兰芳主席，副主席姜昆、冯巩、黄宏、吴文科，秘书长刁惠香同志，还有我这个分党组书记，这回是全体出动了，也表达了我们对座谈会的重视和支持，也体现了我们对马季先生的崇高敬意之心和深厚缅怀之情。

我是有感而发，表达三个意思。

第一，祝贺和感谢。对这本书的出版表示祝贺，同时感谢天津市宝坻区政协副主席张伯苓先生，他做了一件好事情；也感谢新世界出版社出了一本好书；感谢马季先生的家乡人和出版界能采取这么一种具有文化含量的方式来纪念马季先生、怀念马季先生、学习马季先生。这本书两个礼拜之前我已经看到了，使我们大家看到了一个更加多彩、立体的马季先生。

第二，传承和发展。马季先生崇德尚义，德高望重，德艺双馨，是我们相声艺术领域的一位大师。我说的这个艺术大师是文化的产物，也是文化的一个时代的光环，代表了一个国家、一个民族、一个时代的文化内涵和文化高度。作为艺术大师，马季先生具有原创式的思想，比如说，他开创歌颂相声之先河，在大学里和国外进行演讲，在社会上有广泛的影响力，他还能传承中华民族的文化基因，这个在他身上有充分的体现。更为可贵的是，马季先生具有高度的文化自信、文化自觉、文化自醒、文化自强，敢于担当，还能经得起实践的检验，经得起历史和人民的考验。我觉得随着时间的推移，马季大师的思想遗产、精神风范、高度的品质及人格魅力，会闪烁出更加耀眼的思想光芒、文化光辉和艺术光辉。我们今天在这里怀念大师、纪念大师，向大师致敬，最重要、最根本、最关键的就是把大师所热爱的、从事的相声艺术事业，更加自觉地传承下去，更加主动地发展下去，不断推出艺术作品和优秀人才。马季先生一生创作了三百多个段子，非常的不容易。他通过这些作品为人民树旗，为人民放歌，为人民呼吁，关注人民命运，歌颂人民奋斗，激励人民前进，这是马季大师一个非常鲜明的特点。

第三，希望和努力。马季大师是我们曲艺工作者的杰出代表和领军人物，他是一面镜子也是一把尺子，他更是一个播种机，代表着时代的高度和文化的高度，是我们曲艺界的光荣，也是我们曲艺工作者的骄傲。那么中国曲艺家协会是党和政府联系曲艺工作者的桥梁和纽带，是各种曲艺工作者的创作创新之家、温馨和谐之家，我们将一如既往地认真履行我们联络、协调、服务的基本职能，努力发挥组织、引导、服务人民的重要作用，衷心希望我们能和广大曲艺家、曲艺工作者一道，心连心、手拉手、肩并肩，进一步增强曲艺界的大团结，促进曲艺创作的大繁荣，也为了更加自觉地推动曲艺事业的大发展，做出不懈的努力和应有的贡献。

（董耀鹏，时任中国曲协分党组书记、副主席，
现任中国文联副主席）

马季先生是新中国相声艺术里程碑式的人物

王书伟

各位领导，曲艺界、新闻界的朋友们，首先我代表广播艺术团对今天参加《马季生前与身后》这本书出版座谈会的各位专家、各位同仁、各位朋友表示热烈的欢迎和诚挚的感谢。感谢大家在百忙之中一如既往地关心和支持我们的相声事业，同时更对《马季生前与身后》这本书的作者张伯苓先生表示崇高的敬意。他利用业余时间，耗时三年，呕心沥血，完成了这部著作。应该说这是一项很艰苦的工作，如果不是出于对相声事业的热爱，出于对马季先生的热爱和对家乡宝坻的热爱，我想这是不可能的。

马季先生是相声界德高望重的艺术家，是我们新中国相声艺术里程碑式的人物。他1956年进入中国广播艺术团说唱团，在广播艺术团五十多年的时间里，他作为相声界的领军人物，很有影响力，促进了中国相声的发展和中国广播艺术团的发展。他的贡献不仅是相声艺术本身，更在于他有五十年不竭余力的奋斗历程，为我们留下一种精神力量，我们可以称之为马季精神。有关马季精神，我曾在2007年曲协和艺术团举办的马季艺术人生座谈会上，代表中国广播艺术团阐发了三点意见，马季精神，第一是深入生活，创新相声艺术；第二是不断探索，锐意进取；第三是奋力培养人才。当然这只是一个提法，更系统的阐述还有待于专家和各方面人士的不断研究、探索和总结。

以马季先生为代表的相声艺术已经被列为国家非物质文化

遗产,中国广播艺术团也被列为相声这个非物质文化遗产的传承单位,其传统和创新的内容,也要求我们对相声代表人物和经典作品进行整理和梳理,《马季生前与身后》一书的出版可以说对于中国相声的发展、马季精神的研究,是一件非常有意义的事情。这本书有以下三个特点。

一是写马季生前,马家的历史渊源,马季成长的文化背景,资料翔实、详尽,填补了马季研究的空白,有一定的含金量,可以为后人广泛借鉴和采用。二是写马季的身后,从不同角度展示了马季的人生、马季的风格、马季的创作和马季的艺术,为马季精神的研究提供了第一手丰富材料。三是作者通过大量采访、笔录,原汁原味地以第一人称呈现,自然、亲切、可读性强,又令人信服,也可以说这是本书的一大特点。

马季先生不仅仅是中国相声的骄傲、中国广播艺术团的骄傲,也不仅仅是宝坻人的骄傲,更是新中国文艺事业的骄傲。马季精神给后人留下无穷无尽的宝藏和无尽的启迪,我们的研究还处在起步阶段,还有许多课题需要我们挖掘和整理,所以借《马季生前与身后》这本书出版之机,我们期待社会各界更广泛更深入研究和探讨相声艺术,期待从不同角度、不同层面对马季精神给予新的诠释和认识,期待更多更好的有关相声的文章、专著面世,期待对更多有利于相声发展的活动给予全力支持和帮助,并积极参加。最后再一次感谢作者张伯苓先生,再一次感谢百忙之中参加座谈会的各位朋友们。

(王书伟,时任中国广播艺术团党委书记、团长)

马季是我的恩师、我的亲人

唐杰忠

首先我要感谢伯苓同志及各有关单位出版《马季生前与身后》这本书，除了感谢以外，我还表示歉意，就是马季的这本书我应该尽全力参与，但却没做什么，在这里表示道歉。

大家都知道，马季是我的恩人，也是我的亲人。我曾经给马季老师当过艺友，捧过哏，马季在我的心里是个好搭档、好兄弟，也是一个好党员、好老师。他是把一生都献给了党的事业的相声人、广播人、电视人。马季是名副其实的相声大师，他的一生都是围绕着相声事业，凡是对相声事业有用的人和事、对党的事业有用的人和事，都充满热爱，还充满了奉献精神。所以说马季先生是热爱党、热爱人民、热爱观众、热爱老艺人、热爱亲人、热爱朋友、热爱同事的一个相声演员和作家。凡是对相声事业有益的人他都热爱和尊重，比如凡是对相声事业有贡献的有才能的演员、亲人、学员，他都能够和他们一起共同奋斗，特别是一些作家，像在座的王金宝、王兆元、王善智、于娟，所有的这些作家，包括戏曲作家，他都非常尊重，非常热爱。对老艺术家也是一样，除了侯宝林先生是他的恩师以外，那就是老一辈的刘宝瑞老师、郭启儒老师、郭全宝老师等，他都非常尊重，非常热爱，非常全心全意从老师那里学习。他演出的那些节目，比如《戏剧杂谈》，他连标点符号都能够记下来。他还按照侯老师的教导，去戏曲学院找老师学习，一招一式地学习，努力地排练。

他对相声已经达到了痴迷的程度。我来到说唱团以后跟他在一个办公室，住在一个宿舍，在宿舍里他经常跟我对词。我为什么说他是个好老师呢，因为我除了向我的恩师刘宝瑞学习以外，其余的时间我都是跟马季在一起背词。他不但跟我背词，而且跟团里的小青年一起背词，有时会背到深夜。大家都了解的白慧谦、曹桂林，就常跟他在一起背词。他热爱传统艺术，经常去天津学习，向老艺人毕恭毕敬去请教。老艺人们都特别喜欢马季，马季可以说爱人人、人人爱。老先生听说他来了，就问他您想听什么节目，他说我想听听您的《卖布头》，您的《卖布头》特别出色，老艺人马上就改了，不按照原来的节目去演，改成《卖布头》了，专门给马季演《卖布头》，由此可见马季的人缘。

在创作当中更是这样。他贴近时代、贴近生活，差不多每一个阶段、每一个时期都有新节目出现，好多先进人物他都能及时表现出来。你比如说，像《画像》里的张富贵，当时正是工业学大庆，农业学大寨，全国人民学解放军，他每一个时期、每一个先进人物、每一个先进单位，他都有志去创作，而且都有节目出现。比如赞扬乒乓球冠军的作品《三比零》，还有歌颂上海的营业员于向荣、山东的海燕的作品，歌颂解放军的节目也不少，像《高原彩虹》，就是我跟他排练的，还有他自己亲自写的那个《找舅舅》，等等。在这里，我就用张永和同志为了祝贺马季荣获牡丹终身成就奖写的一首诗，以及姜昆同志的贺词作为结尾。张永和同志的诗是这样写的，我把它念一念啊："德艺双馨玉无瑕，承前启后创新葩，桃李育人满天下，曲坛泰斗一大家。"姜昆写的表演唱我也在这里念一念，"恭贺马季终身成就牡丹花，相声艺术送欢乐进千万家；数十载，歌颂光明走新路，唱英雄，写模范，大家都来夸；深入生活，深入群众，数百段新节目意气风发；身在源泉，那些人,尤其是曲艺海里满天下。"

（唐杰忠,马季艺友、著名相声表演艺术家）

马季老师是一本大书

姜昆

我就讲三点,谈谈心中的感受。

马季老师是一面旗帜,他自己就是举旗的旗手,大旗一挥,让多少人看到见到,感到振奋,又有多少人心甘情愿,意气风发地跟随这个旗帜前进。

马季老师是一座丰碑,他自己为这个丰碑写下了厚厚的墓志铭。这个墓志铭记录着人间的微笑,创造着人类美好的情感,丰富了中国民间相声艺术宝库的殿堂。

马季老师是一部大书,他自己就是这本书的主人公。我们有时候离他很近,他去世这么久了,我们没有觉得一天他离开过我们,而有时又觉得离他很远,真正能看清楚他,跟上他的前进脚步,得费那么大的力气,而且还力所不能及,这本书我们一生都要好好读。

马季老师又是一个普通人,他就在所有的中国人身边,就是在走的这几年里,大家还都不断地看到和听到他创造的欢笑,无时无刻地在我们生活周围传播。他的音容笑貌,一举手一投足,凡是喜欢他的人,没有一个人会忘,而且一定会陪伴大家到永久。

我们要感谢这位作者,我提议,我们马季老师的弟子还有他的徒孙,站起来给张伯苓老师鞠一个躬,感谢他为我们的老师树碑立传,代我们向他的家乡人民问好。谢谢大家!

(姜昆,全国政协委员,马季弟子,中国曲协原主席、
著名相声表演艺术家,世界说唱艺术联盟主席)

老实人写了一本老实书

王金宝

大家好,首先感谢邀请方给我这么一次机会和多位多年不见的艺友在这里重逢,王金宝还是活的,呵呵。也感谢伯苓同志这本书,给了我们大家一个聚在一起、共同怀念马季同志的机会,千言万语归结为两个字:想他! 因为五年前他走得太突然了,连句话都没留下,这是一生留在心里头的创伤。

我们两个人由1982年到1992年在一起工作,是创作伙伴,和他几乎白天黑夜在一起,比和家里人待的时间都长。所以我也成了他的家人,包括马树良、马淑芬、马树明这几个人,待我犹如亲兄弟一样。后面因为工作的关系,1993年以后他到三友文化书舍去搞他前期的准备,就这样分开了。从那以后接触的机会少了。

我认为读书就像嗑文字瓜子,要自己慢慢咀嚼品味。伯苓同志这本书,他这个文化瓜子,没加盐,不腌嘴唇,也不齁嗓子,原味的,没加任何添加剂,非常的朴实,所以读他的书不费劲。

虽然我俩今天是第一次见面，但是好像26号拿到这本书之后，就一直在跟他聊天说我喜欢，所以我觉得这是老实人写的一本老实书。现在的书大多有水分，加添加剂，但这本书很少，说明作者用心在写书，读他的书就像是心与心的交流。这本书的价值就在于对于研究马季的生平大有帮助，这是我看到的写马季的第三本书，书中专门写了马季家族的成员和他的乡亲们对他的评价，这是别的书上没有的。我跟马季生前在一起的十年当中，马老太太说话也不多，是一位朴实的母亲，她带出的这些孩子，个顶个的顶事。

从这部书中我们也体会到了马季家族朴实的家风，这对于研究马季作为当代文化战士所做出的贡献是挺有价值的资料。同时又是追求成长、成熟、成功的当代年轻人，立志成才的很好的参考书。我在他身边学到了不少东西，他从一名工程技术人员、业余搞教育，成长为一个能写相声、能演相声的人，他的人生经历使我很受益，他是我的良师益友。是他带领我们走上了一条与新中国的时代、生活、人民的情感相统一和谐的相声创作道路。

相声艺术在发展过程中也出现了一些变化，由此更加想念他的艺术道路、艺术风格。这本书和马季的艺术生涯也让我理解了一个，问题：为什么中国民间文艺与西洋文艺比起来这么受老百姓的欢迎，就是因为中国民间文艺对传统文化的智慧保留得最多。

相声艺术是我国民间艺术的瑰宝。我们要继承马季同志的这种把自己的一生都献给了相声事业的精神，我愿意和大家一起共同努力，把相声事业推向前进。

（王金宝，马季艺友、相声表演艺术家）

这本书是按人类文化学的思路写的

常祥霖

实在荣幸,今天能看到这本书,刚才文科讲的我觉得特别好。这本书是按照人类文化学的思路去写的,这在我们曲艺家的传记中是特别缺乏的一个笔体。通常的曲艺家传记,往往是对曲艺家一生光鲜亮丽的几个作品进行多方面的评述,至于他的生前、身后,很少有人去写。

我觉得张老师尽了一个家乡人的义务,也给我们曲艺开辟了一条道路。我做过一些《中国文艺》的工作,这样的写法,这样的采访,在以前还比较多,在我们这比较少。马季先生在我心目当中,跟大家所说的一样,是座高山,是一本厚厚的书。我一直以为马季先生是一个对新社会怀抱着无比忠诚、浑身散发着一团热气、能烤化很多人的一个诗人。他能用诗人的情怀,以诗人的角度、诗人的情感驱动他所擅长的相声,去讴歌新社会,讴歌我们的伟大时代。马季先生这样的一位伟大的艺术家,他反哺人民,反哺社会,开创了相声的一个时代。时代有马季,马季有时代。今天,面对相声,我们有很多问题需要思考,有位艺术家说得很刻薄,说中国电影是一位伪黄金先生,这词我们不能滥用。我们今天怀着很虔诚的心态,面对马先生的诸多战友、昔日领导和他的众多弟子,你们有权利这样认为,马季是我们时代的骄傲,时代因为有马季而荣幸。但是我们面对荣幸,面对着马季时代,才有今天的辉煌,我们不能有过分的惭愧,而惭愧确实又随时伴随着我们。希望大家多想想马季,多想想他的辉煌,想想他的奋斗,想想他对时代的责任。在这个时候,我们要用马季的立场、情感来要求我们,关照我们的责任,我希望今后的惭愧少一点。谢谢。

(常祥霖,中华曲艺学会名誉会长、著名曲艺评论家)

马季先生始终与时代同步

冯巩

昨天看了书,我琢磨了一宿,现在还没有从这本书里出来。首先感谢张伯苓先生,虽然马季老师走了,但是感觉越来越近,大家都这么评价,大师是书、是旗帜、是丰碑、是精神。我这么品味先生,可能是不全的,我认为马季精神有这么四条:

第一条就是马季先生始终与时代同步。无论是社会主义建设初期,还是改革开放和全面奔小康的今天,他都是随着时代的不断发展,不断地进步,歌颂真善美,鞭笞假丑恶,跟时代、民族的命运、跟国家的发展一脉相承。这是第一条。

第二条是马季先生永远跟老百姓血肉相连。他知道生活是一切艺术的本质属性和源头,所以他潜心地深入生活,不断地创作。我听赵连甲老师说,马季到大鱼岛深入生活时,夜间两点多钟还在那里写作。当时正值盛夏,他是光着脊梁写作的,突然觉得后背发痒,他用手一拍,没想到啊,全是蚊子,后背上一片蚊子,手上全是鲜血。这说明马季老师的成就,取决于人民群众的鲜活的滋养。

第三条是在继承基础上不断创新。他把传统相声继承以后完全为自己的创作所用。他创作了三百多段相声,开创了相声作品歌颂和讽刺并举的先河。马季还带我们演喜剧电影,从内容和形式上来说,马季老师的相声小品,是对他的喜剧之路、相声之路的一种拓展和创新,是一种发展和扬弃。

第四条,马季先生是一个德艺双馨的人。马季老师为人宽厚,他的音容笑貌至今都在我的脑海中。我觉得马季先生用自己的联想,为他立了功;用自己的作品,为他立了言;用自己的人格为他立了德。我感谢您(张伯苓),今天您为他立了碑。马季先生是块丰碑,仅从一个侧面去解读,可能不全面,不是很深刻,但是您带了一个好头。马先生离开的时间越久远,他的精神越突显;历史越漫长,他的思想越突显。其实越久越想他这个人。作为相声从业者和马季老师的弟子,应该学习马季的这种精神,应该继承他的艺术,在艺术上不断地创新,深入生活,潜心创作,为人民、为观众提供更多的笑声,再次谢谢您。

(冯巩,中国文联副主席、中国曲协主席,

马季弟子、著名相声表演艺术家)

马季是曲艺事业的骄傲

黄宏

非常高兴能参加这个会。捧读《马季生前与身后》这本书,感到非常遗憾,我没能像其他的弟子一样,生前多陪他,身后的故事也了解得很少,从这个角度来说,我更像是一个普通的观众。因此对马老师的纪念,更像是一个最普通、最忠实的观众,用全心去感受他。

今天家乡人来了,我们曲艺界的朋友来了,还有很多观众,我觉得马老师是得到家人、同人和众人认可的。他是我们的恩师，又是相声的一杆大旗，也是我们曲艺事业不可多得一代大师。我觉得能够具备这样的名望，必须有几个鲜活的条件，那就是优越的专业条件、丰富的综合素质、正直的为人之造。

我对马季老师的了解是从幼年开始的，因为他是我爸爸的至交。在我们家的影集里，放着三个人的照片——马季老师、唐杰忠老师、赵丽蓉老师，让我仰慕，马、唐、赵，当头炮，他们在当时的曲艺事业中是生龙活虎的，也是最有活力的一代蛟龙。我想马季老师有今天的成就，也离不开周围这些好同事、好搭档。我认为马季老师是一个纯粹的艺术家，说他纯粹是因为他没有把更多的精力放在人际关系的平衡上，他没有把更多的精力放在人际的计较上，他没有把更多的精力放在金钱和物质的贪婪上。我和马季老师接触得不多，不像赵炎老师、刘伟老师，他们经常在一起，我每当演出或聚会，与他碰在一起的时候他就是在说艺术，就是在讲相声，我就是利用这些时间，从他身上学到了许多的东西。

我喜欢曲艺，因为我从小来到部队，写了很多的段子，我的曲艺集请马季老师为我写前言，他拿过笔来一气呵成，现在我能够把这个前言背下来，觉得这就是他对我的要求和指导。所以说我们今天缅怀他，马季老师生前是神，现在在我们心目中仍然是神，他是那样的纯粹，纯粹得没有一点杂质，而且对我们部队的曲艺创作有非常大的影响。我记得马季老师在我的书里面写了这样一句话：两条腿走路，作为曲艺演员一定要自己创作。这也是我的座右铭。这些年来我一直坚持这样做，而且今后我也

会这样做。虽然我的创作水平不高，但是我一定会去努力，在这条路上走下去。

今天这个书出版了，有这么多的同人去怀念他，我希望它有更大的社会影响。我们一是自己学，像王金宝老师那样，拿回去一包文化瓜子，回去自己嗑，自己品。此外我们有更重要的任务，就是把这本书推向社会，造成更大的影响，为我们曲艺界争光。我们曲艺界有这样的人，使其是我们曲艺事业的骄傲。而且我们也希望这部书不仅仅停留在文字上，不仅仅停留在书香里，这本书写得这么细腻、真实，是很有价值的，我也希望我们的同人，能够把马先生的这本书拍成影视作品，能够让更多的人通过现代的媒体去了解。

最后我想说四句话，和朋友们一起探讨，这四句话我觉得用在马先生身上就是像在说他。优秀的文化是什么？是植根于内心的修养，是扪心提醒的自觉，是以约束力为前提的自由，是为别人着想的善良。谢谢大家。

（黄宏，中国曲协原副主席、八一电影制片厂原厂长、马季弟子、著名小品表演艺术家）

无论何时都要做一个真正的相声人

李增瑞

感谢给我这么一次机会代表我们这些弟子说两句话。因为我们这些马季先生的弟子，在我们的艺术生命当中，有先生的遗传基因，有先生洒下的辛勤汗水，我们能有今天，我们能够成长到今大，我们永远不会忘记恩师的培养，我们永远怀念他。

今天《马季生前与身后》这本书的出版，为先生著书立传，使

我们有一个聚会来共同怀念我们的恩师。恩师有一句话值得我们大家深思。他说："无论在任何情况下，我都毫不动摇地做一个真正的相声人。"我希望这句话能够使我们这些弟子一起共勉，来永远怀念我们的恩师，感谢恩师的培养。同时我们也感谢宝坻这块宝地为我们中国相声界培养、培育了这么一个伟大的艺术家，向宝坻人民表示感谢，向这本书的作者张伯苓先生表示感谢。我们会继承先生未完成的事业，把我们的相声搞得更好，给人民带来更多的欢笑。谢谢。

（李增瑞，马季弟子、著名相声表演艺术家）

咱说相声的不能让人看不起

韩兰成

该说的各位都说了，该感谢的也感谢了，也鞠了躬了，我说个车轱辘话，再一次感谢张先生，感谢给我恩师出了这本书。除了感谢之外，我再给你提供一点小素材，等你出这本书下册的时候，你好用。

有一次先生带着我们去徐州有一场演出，结果演完了已经到了夜里十二点了，火车的时间是十二点半左右，结果到那一看，火车晚点。火车站的工作人员非常客气，把我们让到了贵宾室。这时候外面下着大雪，非常冷。大家在贵宾室休息的时候，门突然开了，一群铁路工人，有拿着小铁锤的，有拿着信号灯的，起哄似的就进到屋里了，门一拉开，雪花北风一块儿就都吹进来了。这时候马季先生赶快站起来了，大家说我们来看看马先生。马先生说你们只是想看看我吗？不想听我说一段吗？这时是凌晨一点钟，结果大家一起鼓掌，这个时候我师兄赵炎在旁边已经快要入睡了。马先生把赵炎喊起来，两个人凌晨一点为铁路工人演了两小段。这是一个活生生的例子，直到现在我都记忆犹新。

我随马先生二十年的时间里，他的高尚的品德，无时无刻都影响着我们。比如原来没有手机的时候，走到哪，临走他都让我把电话费给结了。我说句实在话，有的时候我不想结，到某个地方演出去，主办方这么热情，住的五星级酒店，还叫我们去结什么电话费。但是他说了，我不结就不行，不管在哪演出完了，我必须把电话费结了。有一次去演出，主办方也是非常热情，我想咱没有必要结，我就没结。他下楼时问我："兰成，电话费结了吗？"我说啊啊啊，结果就下来了，因为我说话吞吞吐吐，先生聪明，他看出来了，上了车，他问我电话费你到底结了没结？他噌的一下从车上下来，自己跑去把电话费给结了，后来一路上没理我。最后他说了一句话："咱们是说相声的，咱们不能让人家看不起咱们。"

还有一件事，就是成都有一个演出，一个叫鸡蛋妹的演员邀请我们去演出，结果我们到了之后，这个演员见到我们就哭了，说马先生实在对不起你，我们说的演出费不能跟您兑现，只能给您五千块钱。马季先生说："别介，你放心吧，该怎么演怎么演，演完后你给写个条子。"结果就写了一个借条,写了三万块钱的借条,然后给了五千块钱现金。马季先生说:"兰成,把这五千块钱装着。"我一犹豫,马季老师说:"你装着,少废话。"把那钱就给我了,那个演员走了以后他就把条给撕了,演出一点儿没耽误。

先生生前经常说,艺术的高低是人品的较量,他还经常说,我们相声演员一定是生活的老师,却不能做生活中的小丑。他的名言,至今还是我们的座右铭。

(韩兰成,马季弟子、著名相声表演艺术家、
首任中央电视台《曲苑杂坛》编导)

感谢伯苓大哥出了这本书

马东

特别对不起,今天底下坐着这么多长辈,这么多大叔,很多各个方面的老师,下午台里面有一个不能缺席的会,刚刚完,所以刚刚赶过来。

其实关于这本书的出版,我们盼了很长时间,这本书的书稿在我那也放了很长时间,我一直在看,有的时候看不下去,因为我父亲离开我们到今天是1549天,虽然是一个很长的时间,但是有些东西还是很难放下,包括我父亲很多生前的资料,到现在我妈老是催我,让我找时间整理,但是确实是有的时候拿不动,有的时候不太敢去触碰。

我父亲一生不管是他写的还是别人写他的,出的书并不是特别多,包括他临终前放在桌子上的书稿,我们在他去世之后,尽快地就把它出版了。那么今天这本《马季生前与身后》,其实是对他这几本书的一个特别好的补充,由于涉及他生前的部分,有许多是别的书里涉及不到的,涉及身后的部分,又是对他七十二年的一生的补充和完善。

张伯苓大哥,是我父亲走之后我才逐渐熟悉起来的,也是通过他,才跟我父亲的家乡、我的家乡宝坻更加亲近,应该说其实是通过张伯苓大哥,使我和宝坻有了这种血脉上的继承。我父亲生前很多次去宝坻,也跟他聊得特别多,所以应该说他这本书里讲到的很多情况,对我来说第一次读的时候都是很新鲜的,非常完整,非常翔实,采访工作也特别辛苦。

从我的角度说,我觉得我父亲是一个亲近的人,他是一个专家,专业人士,他是一个很有人情味儿、情感非常含蓄、醇厚的人。这个东西往往需要时间,才能在心里慢慢地品出味儿来,这也是一千五百多天以来,我心里的一些感受。

我特别感谢伯苓大哥出这本书,让好多了解我父亲、不了解我父亲的朋友们能够回味他的一生,然后把这种温暖传递出去。今天来的这些叔叔辈的老艺术家,唐大爷、王金宝叔叔、赵叔叔,包括那边廉老师,这都是跟父亲一生的朋友。在三四年以后,在关于我父亲的一本书出版之后,还能够听到您温暖的声音,看到您的样子我心里特别感动。也特别感谢我的大哥们,我说实话,他们都是特别特别忙的人,这么一个活动,要我打电话去联系的时候,真是拿起来放下、拿起来放下。因为可能这一点我随我爸,就是张不开嘴。但是凡是我通知到的人得到的反馈,永远是极其干脆、极其直接的:肯定到,还需要做什么?让我很感动。我虽然是做主持人的,但是碰到这种时候,总是不知道用什么语言去形容自己内心的那种感激。

我父亲走了之后，所有我父亲的老朋友、弟子对我母亲、我叔叔以及对我的那种照顾，让我们永远感激，我代表家人谢谢大家！

（马东，马季之子、中央电视台原著名节目主持人、
中国金话筒奖获得者）

故乡人写马季具有独特意义

刘兰芳

各位领导、各位艺术家、同志们、朋友们，今天我们在这里举行《马季生前与身后》一书的首发式暨座谈会，缅怀马季先生为相声艺术做出的卓越贡献，在此，我谨代表中国曲艺家协会以及我个人，对今天到场的各位领导和曲艺同仁表示衷心的感谢！

刚才几位领导和艺术家都做了很好的发言，从不同方面深切缅怀马季先生，表达了对他的敬重和怀念之情，并对马季先生的艺术成就做了很高的评价。马季先生是新中国培养的第一代相声演员，他把自己的一生都献给了相声事业，是深受全国人民群众喜爱的相声艺术家。他精表演、通创作、长教育，是我国曲艺界的一面旗帜，是广大曲艺工作者学习的楷模。在曲艺界，提起马季的人品，人们都交口称赞。他为人敦厚朴实，急公好义，乐于助人，有求必应。为这样一位德艺双馨的大艺术家著书立说，是一件必要而有益的事，而由马季先生的故乡天津宝坻的作家来书写他

的人生故事,则更加具有独特的重要意义。

书中从马家历史渊源的脉络切入,浓墨重彩地叙述马季先生回到家乡时与老家人民的深情厚谊,通过采访马家老人的口述,真真切切还原了历史,追述了那些鲜为人知的故事,让马季与家乡宝坻融为一体,让人们从一个新的角度去感受和认知马季先生的魅力,也让我们体会到宝坻独特的文化资源。对马季先生弟子的采访,则从继承的角度为我们介绍了马季先生的创作生活和艺术追求,弟子们从灵魂深处讲马季,从灵魂深处讲继承,怀念之情溢于言表,有感而发落地有声,让人深受感动。

作者张伯苓同志和我相识时间虽不长,却结下了深厚友谊。他对宝坻的文史工作非常用心,对宝坻的文化名人也十分关注。多年前听他说想从故乡这个角度为马季先生写一本书,当时我就赞同,并表示一定会大力支持。今天看到新书终于出版,我感到由衷的欣慰和高兴!在此深深感谢张伯苓同志为编撰本书付出的辛苦努力!

出书不仅是为了纪念,也是为了更好地传承。作为曲艺战线的老兵,在继承传统民族曲艺上有义不容辞的责任,希望大家

出席首发式全体与会人员合影

都能抽出空来,认真读读这本书,好好体会马季先生留给我们的累累硕果与深切期望,以他的精神为动力,努力创作人民群众喜闻乐见的新作品,不断提高自身的表演水平和文化素养,为推动我国曲艺事业的大发展、大繁荣尽一份力量,做一份贡献。

谢谢大家。

(刘兰芳,全国政协委员,时任中国文联副主席、
中国曲协主席,著名评书表演艺术家)

二、短篇小说集《摆渡》出版座谈会

2017年4月23日,正值世界读书日,利用"书香天津·春季书展"的契机,天津人民出版社、《天津日报》文艺中心、宝坻区文化

《摆渡》首发现场

局在天津国展中心隆重举行我的短篇小说集《摆渡》首发出版座谈会。主办方黄沛社长、宋曙光主任、康德鸿局长、刘永奎书记早早来到了会场，迎接嘉宾，自发赶来的书迷也陆续到场。中国文联副主席、著名评书表演艺术家刘兰芳前一天晚上专程赶来天津出席活动，天津市委宣传部、河西区委、天津市演艺集团、故乡宝坻区等领导、嘉宾、专家、学者盛情出席，对新书出版发行热烈祝贺，并深入研讨。之后，天津广播电视台文艺广播又对短篇小说集《摆渡》及其中被拍成视频小说的《羊爷逮鱼记》召开专门会议，闭门研讨。

久违的乡土味道

李治邦

张伯苓是我一个特别好的文友，他出版的这部带有乡村味道的短篇小说集《摆渡》，应该说给我留下深刻的印象，其中的很多小说在他发表之前，我就已经先睹为快了。现在专门写乡土的作家越来越少，为什么？因为很多作家离乡土越来越远，离城市越来越近，应该说张伯苓的这一部短篇小说集，均以乡土乡愁为主题，在目前来看是很少见的，我们有一句话叫作久违了。伯苓亲近乡土，他写了很多在现在的新农村所发生的故事，人物活灵活现，有"大了"，有一般的老百姓，也有村里的干部……方方面面。每一个人物有每个人物的性格，每一个人有每个人的风骨，读完以后感觉十分亲切，也十分新鲜。我们现在离农村看起来很近，实际上在生活中离得很远，看起来好像我们跟他们没什么区别，实际上区别很大。

张伯苓笔下的每一个人物都活灵活现地展现出宝坻的风土人情——豁达、热情、执着以及对美好生活的憧憬。他的小说有两个特点，第一个就是人物鲜活、立体，每一个人物身上都有矛盾、有细节、有架构、有纠结。正是因为有了这些东西，使得他塑造的每一个人物都不一样，不是千人一面，人物描写生动、准确、贴切。第二是语言，张伯苓的小说大都是用方言来表述的，与其作品的乡土风格十分吻合，乡土气息十分浓郁，读起来也特别亲切。这让我想起了另一位宝坻籍作家浩然，感觉是一样的，有很强烈的这种地域风格。

张伯苓是中国作家协会会员，长期以来笔耕不辍，而且他在写作中从来不去模仿，而是认真地去写好每一个环节。我看过他一篇小说的文稿，改得密密麻麻的，他不但是对自己负责，更对生活负责。

张伯苓以《摆渡》为代表的乡土小说，揭示了天津乡土作家的再崛起，所以我看好张伯苓，也看好张伯苓的乡土小说。

（李治邦，文化和旅游部优秀专家、
天津市非遗保护协会党支部书记、著名作家）

《摆渡》是一部好作品

刘兰芳

《摆渡》中有几篇我看了，很好。比如《羊爷逮鱼记》《火盆》《摆渡》，等等，看完之后受益匪浅，确实对伯苓得刮目相看，想不到他是从政的出身，却有这么好的文笔，写得引人入胜。

我觉得一句话就代表了我的感受：一个好作品，主题思想好，宣传正能量，能够让人读起来就放不下，乡土味特别浓。今天早上我又看了两篇，感觉作者确实把自己的心血倾注在作品里，留下了一部好的精神食粮。

比如《羊爷逮鱼记》，它很巧妙，由景色描写入手，再谈他的父亲——羊爷。羊爷不姓杨，姓闫，属羊的，所以叫《羊爷逮鱼记》。其中好的故事情节很生活化，不是空穴来风、杜撰出来的，是有生活的。四岁的羊爷喜欢水，一见到水就像鲫鱼瓜子一样在里头游玩。有一天他母亲往大锅里添上水，生上火了，他嘭的一声就去里边去洗澡了，很生活化，这在农村是真实的写照。后来他逮鱼破除迷信、抓狸子等一系列情节，都很真实、到位。

《火盆》这个作品更好。《火盆》写的就是农村的东西，有真实感，一张嘴就是天特别冷，三个小孩小脑瓜冻得冷，奶奶也冷，实际他写的是孝道，也折射了我们农村当年太贫困了，指望火盆来取暖。这个儿媳妇叫红霞，红霞先琢磨这个火盆怎么烧的，特别细，说得确实是那么回事，没有一点编纂的意思，给孩子弄好了。另外老三是儿子，要烤裤子，特别生活化。过去我们小时候是，都是大人给孩子们把裤腿烤热了，才穿上。小说中给老人送火盆晚了，老人因为冷差点窒息了，儿媳妇愧疚，由此就更表现了孝顺。作者写儿媳妇生火盆的过程是一步一步写的：她先到地里拾豆梗、豆根来生火，然后用锯末取火——特别真实，既体现了儿媳妇的孝道，也教育了邻居。最后是老人到九十岁含笑九泉。今早看完之后我掉泪了，非常感人。

我对作品的要求很苛刻，因为我就是编故事的，看完伯芩的作品之后，感觉不错。《摆渡》也如此。虽然羊爷和摆渡的老人都是老人，但是写的不一样，不重复。我觉得《摆渡》更好一些。箭杆河九曲十八弯，每天都有一个人在河道中连打鱼带摆渡，最后老和尚给他的银子，干嘛呢，叫他打一条新船继续普度众生。你看这是一折，回来就救了一个娘儿俩。他巧妙在哪，前有因后有辙，救娘儿俩，孩儿留下了，起名叫过河，母亲死了，这过河一点点长大,就叙述着一老一小的两个人的故事。其中折射着老人的善良、淳朴,对待捡来的孩子如获至宝,像对待亲孙子那样,这孩子在成长。其中的一折我印象很深,丈夫二豹子就要打媳妇彩云,爷爷给她拉上船,小过河帮着救彩云,这就是言传身教,小过河厉言酒鬼二豹:你凭什么打人?有正义感。最后,并不是劝离婚,而是劝和解,这里头有很多内涵。

情节过渡非常快,最后是过河当兵,其中有一折,爷爷又提到日本鬼子,并不牵强。抗日战争期间有个伤员,叫苏岱,他这人名起得也不错,苏岱是山东人,山东简称为岱,起得不错。当年救起的苏岱如今返来领兵,发现这个过河原来是他的亲生儿子,非常巧妙。这等于前有因后有缘,前面有个女人、无名尸体,摆渡老人给风风光光地下葬,又与苏岱领兵时巧妙连接。所以这篇作品我给他点赞,确实很好。作者还是有心计的,首先是它乡土味特别浓,语言是那一带的语言,是宝坻的语言,很多我都不懂,什么香饽饽、拉杆,播讲时我都不懂,伯苓在电话中给我详细解释。正因为这些方言,各地的方言,铸成了中国的文化,不是要求都是普通话,有方言才有趣味。非常好。

我认识伯苓已经有十年以上了,是因为宝坻是曲艺的发祥地,文艺的发祥地,名家辈出,像著名相声表演艺术家马季,评剧表演艺术家赵丽蓉,京东大鼓艺术家董湘昆老师,听说浩然也是这地方的,宝坻的文化底蕴非常丰厚。但是这些底蕴如果就浮在下边,那也就完了,它就不是什么宝贝了,必须充分利用。伯苓任宝坻县委宣传部常务副部长和广电局的局长之后,包括在区政协工作期间,很重视传统文化的挖掘。当时我在曲协工作,他就和我联系,为写作《马季生前与身后》的事情,到我那去过两次。伯苓这个人,对于挖掘宝坻的优秀文化起到了一定的作用。

在书展之前,伯苓把《羊爷逮鱼记》这原稿拿来了,还没有装订起来的散稿带来了,想把这个播出去,于是找了中央人民广播电台,我亲自播讲,录了给他播出去了。以第一人称播书,对我来说也是个困扰,总是我我的,我爷爷、我爷爷的,而我一张嘴就是闫宪祥什么的。由于跟伯苓交往很多,我觉得必须支持他的工作,所以把这段播出了。播完之后我觉得也挺好的,因为这是小说,属于朗诵,现在由评书演员播,可能就是另一个风味,还可以,挺好。

宝坻文化底蕴很丰厚,有很多的传承人,物华天宝、人杰地灵,通过小说才知道,宝坻在过去水沽纵横,到处是水,作者才写出了《羊爷逮鱼记》《摆渡》,展现了宝坻的风貌。

过去我不知道宝坻,是因为认识了伯苓我才知道。宝坻虽然有名,但以前没去过,因为道路不远不近,从北京过去稍微绕脚点,但是有了伯苓,我和宝坻的关系也就密切起来了,朋友圈也扩大了。这次又搞了书展。我觉得宝坻是出人才的地方,希望通过这些人才把外来文化引进来,把宝坻的文化传出去,对当地文化的繁荣发展大有益处。

(刘兰芳,全国政协委员,中国文联原副主席、中国曲艺家协会名誉主席、著名评书表演艺术家)

首发式现场作者(右三)与刘兰芳(左四)等合影

乡音乡韵写乡情

王振德

今天参加张伯苓短篇小说集《摆渡》的首发式，非常高兴。首先祝贺张伯苓先生在文学创作上取得新的成就，也非常感谢在座的领导的光临和对他的帮助。我认为张伯苓短篇小说集的出版对于天津文艺界包括中国的文学界，应引起重视。

张伯苓短篇小说集《摆渡》的出版，我认为是天津市文艺界一件值得重视的事。这是他的第一本短篇小说集，这本小说集非常有特色，也有品位，我认为主要有三点值得我们重视。

第一，这本小说集非常接地气。作者张伯苓生在宝坻，长在宝坻，工作在宝坻，现在是由政协副主席这个位置上退下来了，他这本小说集写的也是宝坻。张伯苓从出生到现在，特别是工作以后，把自己的智慧、自己的事业、自己的力量都跟宝坻的事业连在一起，所以他在退休前后，把自己对宝坻的感情都变成了文字，比如他的《马季生前与身后》，他的散文，包括《潮河心曲》，还有他这本短篇小说集《摆渡》，都是写的宝坻区、宝坻人，写宝坻人给宝坻做的贡献，弘扬家乡文化，给乡亲们立传，把满腔热情都奉献给了乡亲们。我觉得写得确实情真意切，引起读者强烈的共鸣。他所写的摆渡老人、逮鱼的老人、豆腐坊的师傅、锔锅锔盆的锔匠，以及木匠、铁匠、剃头匠，等等，都是我小时候家里老人讲的，特别的真切。当然艺术有虚构的成分，但是伯苓的作品本质上非常的真挚、可信，比那些无病呻吟、生编硬造的要接地气。

第二，充满了正气。我闲暇的时候也读读当下的小说，但是有些小说生编乱造的痕迹太重了，有些小说高高在上，讲了很多老百姓不懂的事情，有的则隐含着对乡下人的讽刺 挖苦。而伯苓写的是农民的勤劳、善良、正直、朴实、智慧,特别是生活当中的智慧,那种为了生活而进行的各种创造,他写出了乡情,写出了乡村的风俗、乡音、乡韵。因为他用的是宝坻的方言,他在描写的时候又用了大量的散文的语言,所以写得很美,很有画面感。他是站在农民当中写作的,他笔下的人物都是自己的爷爷、奶奶、姑姑等亲戚,这些虽然都是小人物,但是他并未看轻他们,反而非常尊敬他们。农民的善良、朴实、勇敢、勤劳,这是我们祖祖辈辈传下来的优秀品德。他是怀着对普通人的满腔热爱,对善良、勤劳的农民的满腔热忱来写他们的故事,催人泪下,感人至深。

第三,体现了张伯苓先生深厚的文学修养。这是他的第五部作品了。这个小说集,写了二十一篇,写了二十多万字,属于厚积薄发,我觉得这本书最大的一个特点,是把乡土文学和乡土文化结合起来,把潮白河的文化结合起来。他作品中的任何一个职业,剃头匠也好,铁匠也好,豆腐作坊师傅也好,都有上千年的历史,包括摆渡,也是如此,都是乡土文化的历史,他不为一时的时尚所左右,而是为了自己的感受,以自己六十多年的积累、积淀写出了乡土的智慧,他是在为家乡、为乡亲立传,接地气,弘扬正气,也有才气,写出了乡土文化的地域特点,写出了农民千百年生活的画卷,表现了正能量,彰显了一种新的创作角度和方法。张伯苓的《摆渡》值得我们深入研究。

(王振德,中国国学研究会名誉会长、
中国艺术研究院博硕班导师、著名美术评论家)

暗暗销魂者唯情而已

梁文逸

我觉得一本好书，最打动人的就必须是情感。古人有句话，说"黯然销魂者，唯别而已矣"，在这里我改了一个字，就是"黯然销魂者，唯情而已矣"。张伯苓先生的短篇小说集《摆渡》第一个打动我的是这种浓浓的乡情，就是这个情字是最动人的。我觉得书里的每一篇篇幅都不太长，可是读过后都会留下深刻的印象，里面透出的浓浓的家乡的韵味，可见作者是扑下身去投入生活，所以写出来的作品都是那样鲜活，每一个人物都是呼之欲出。

我认为张老师这本书可以说是以独特的方式讲好中国的故事。因为我们中国人对家乡都有一种无法割舍、无法取代的情感依赖和原乡情结。读过张老师的作品，我觉得他是写实的，同时又从质朴中透出对生活的热爱和诗意，既气象万千，又色彩斑斓。张老师作品的细节描写是很成功的。比如他写农村人去磨房磨面的时候，磨眼儿里必须得留一些，不能扫干净了，一个是保护磨，同时也是一种厚道，这些细节都是非常抓人、非常真实的。他写乡村的妇女很努力地去拼命地干活，她们凭吃苦肯干，最后挣得了男劳力才能挣得的最高工分，为女同志争气，这也是写出了那个时代造就的这种女强人、女汉子，写得都非常典型。还有《摆渡》的主人公姥爷，他来来回回地摇着小船，看似活动区域有限，其实他的心胸却似天地那么广阔，与天地融合，所以他做出来的事情是不凡的。他所做的一些事情不是一般人能做到的，展现出正气和不凡的精神。

我觉得读着张老师的书，就能够想象我在宝坻的一些同学，想到他们从小生活的环境，想到山间，想到河畔，想到今天宝坻的发展，像高铁、高速公路，把天津、北京市区到宝坻的距离大大地缩短了。宝坻是一个宝地,人杰地灵,快速腾飞。这里的故事需要有人去描述,乡音乡情需要人们去感受,我们需要文化的寻根与回望,需要有人来讲好天津的故事。张老师的书里勾勒的生活是生机勃勃充满活力的,他把自己的家乡立体地呈现给读者,具有很强的亲和力,而且处处都有起承转合,时时都有精彩呈现。我也期待张老师有更多的书写家乡的新作力作问世。

(梁文逸,天津广播电视台文艺广播高级编辑)

从《摆渡》看作者的文化情怀

芳忱

非常荣幸播讲了第一版的《羊爷逮鱼记》视频小说。我也是农村出生的,小说里的这些乡村捕鱼的场景,在播讲录制过程中,也唤起了自己儿时的记忆,感到特别亲切。这只是《摆渡》这部短篇小说集中的一篇。

伯苓局长,曾任宝坻广播电视局局长,那时我是他手底下的一名小兵,所以我一直习惯这样称呼他。他是一个老新闻人,特别有幸跟伯苓局长共同工作了五年,这五年确实挺幸福、挺幸运的。2001年,他主持里开办了两档文艺节目,一档是以评剧为主打的《开心双休日》栏目。众所周知,宝坻是评剧之乡,他创办了这样一档文艺节目颇有战略眼光,后来在这档栏目的基础上又开办了一档以歌曲为主打的姊妹篇《文化大院》。那时宝坻台还在五一、十一、春节等重大节日搞大活动,形成了"一个大哥大(重大节日搞大活动),两个姊妹篇(《开心双休日》主打戏,《文化大院》主打歌)"的宝坻电视文化格局,深受广大观众的欢迎。这两档节目比翼齐飞,《开心双休日》栏目还被收录到《2008中国广电蓝皮书》中,为弘扬中华戏曲文化、打造群众文化开创了一个崭新的局面。

伯苓局长始终笔耕不辍,先后创作了多部文学作品,他所创作的每一部作品都体现了他对传统文化、对文学艺术那份浓烈的情怀。《摆渡》收录了二十一部短篇小说,都是乡土题材的作品,尤其是对于年轻人来说将特别受益。我这个年代的人对这些农村的乡土文化,一些老例儿、老物件,或者是传统风俗还都不了解,更别说"80后""90后"甚至是"00后",对他们来讲肯定就更陌生了,所以说我觉得有这样的一部书,对于传统文化的传承应该是非常有意义、有价值的。现在我们所接受的这些信息都太时尚了,太现代化、碎片化了,但是对于这些农村的传统的乡土的东西,知道得太少了,接受的途径也特别少,所以我感觉这样的书会有相当一部分受众的。另外,它也是市场的需要,新媒体也好,传统媒体也好,想宣传这样的东西,做这样的产品,可能没有途径或者是没有来源,而这些作品给媒体提供了一个很好的范本。

其实不单是《摆渡》这本书,伯苓局长创作的《马季的生前与身后》,记录了马季先生这一生的相声情缘,之后又再版,给世人留下了珍贵的史料。马季先生是宝坻人,写马季是为了宣传家乡宝坻名人文化。《荧屏里的评剧故事》这本书的出版,则记录了宝坻电视台《开心双休日》栏目台前幕后的故事,并延伸了自宝坻西路评剧开山之源,形成的中国评剧百年历程在宝坻发展的脉络、重要的剧目与角色,给宝坻评剧这一国家级非物质文化遗产留下了珍贵史料。所有这些都源于伯苓局长那份独有的文化情怀。

习近平总书记在党的十九大报告里提出乡村振兴战略,指出乡村振兴的道路上需要一支懂农业、爱农民、爱农村的队伍。"三农"工作一直是全党工作的重中之重,在国家战略层面也摆在了一个重要的位置,九亿农民确实也需要我们这种传统文化的熏陶。它进一步增强了广大群众的文化自信,更成为一股深沉的力量在涵养着群众对传统文化的认同感和自豪感,凝聚起一种精神力量。所以我觉得《摆渡》这本书凝结了伯苓局长对农民的情怀,对传统文化、对乡土文化的情结,着实让人敬佩。他能够把他的这种情结和情怀,用自己的行动,用写书的形式来表现出来,这本身就是一种传承。

读着这本书,让人肃然起敬的同时感慨万千。字里行间蕴含着伯苓局长对家乡的无限热爱,对传统文化的孜孜探究,对乡土文学的坚持执着,更彰显了他对文化自信的无比坚定。我相信,《摆渡》所带给我们的传统文化的营养会意味深长,绵绵不绝,也会让我们沉浸其中,陶醉其中。请各位读者细细品味书中浓厚醇香的味道吧!

(芳忱,时任天津新闻广播主播,
现任天津市宁河区融媒体中心副主任)

有情怀 有眼界 有技巧

万境明

我已经离开文学好久了,所以现在有点回归的感觉了。特别亲切。

读了张老师的作品后,我有两个感受。第一个感受是一种回归,就我个人来说是向文学回归。读这个小说,让我忽然想到当年看浩然的小说的感觉。对于浩然我印象中最深的还不是他那两部长篇小说《金光大道》和《艳阳天》，而是我再早看到的他的一部《喜鹊登枝》，是他一本短篇小说集里的一篇，那是他在"文革"前写的，非常朴实，非常生活化，语言也特别好，我现在反而印象最深的是他的那部小说。所以我读《摆渡》的时候，突然就有当年的那种感觉，体会到乡村的那种风土人情。其实农村人的质朴，他们那种本性的善良和厚道是一种大爱的情怀。这一点我特别有同感。通过《摆渡》这部作品集，我看到作者的三个有：一是有情怀，这个情怀是热爱生活的情怀；二是有眼界，有发现故事，发现细节的眼界，这是文学家特有的那种眼界；三是有技巧，作者运用语言的技巧讲述故事，把故事变得很传奇，特别抓人。这都是我看这部书时的感受。我们现在看的时尚化、碎片化的东西确实太多了，你拿了一部小说坐在这儿，你能够沉下心去读，确实很难得。昨天晚上我一个晚上什么都没干，越看心里越踏实，情绪中的浮躁慢慢地就沉下来了，那种感觉特别好。

第二个感受就是有点担忧，现在的文学创作和各种艺术创作都太浮躁，很难有能够静下来的环境让你去搞创作。一般读小说要先看它结构，如果开头不吸引你的话，你可能很难往下看。还有就是有些作家不能再突破自己的时候，就会再换题材。所以我觉得像《摆渡》这样的小说还是有点儿小众，说白了你不做宣传普及工作，很难做到让各个层面的人都喜欢。当然现在也很难，现在在多元化的态势下，作者也很难做到长期坚持一种形式或者是一个题材的写作。

我就说到下一个话题。对于小说广播栏目多年在文学阵地上的坚守我也特别有感触，而且他们很严谨很扎实，确实是功不可没。我们有一批播音员还是通过播音这种方式来传播文学作品,其实这是对纯文学精神的传承,对播音艺术的传承,这也是当今非常需要的。因为现在听广播的人越来越少了,我们小时候都是听着小说广播长大的,所以可能对这样的形式更有感情。我觉得做这样的事情确实是需要一种精神,也需要一种情怀,一种对于文学的热爱的情怀,对于播音这个职业的敬业和耐得住寂寞的情怀,要继续坚守。

对于广播小说和视频小说,我也说一点个人的看法。我觉得视频小说这种形式是一种创新,乡土人情和小说本身也是契合得特别好。听了陈强导演的叙述,《羊爷逮鱼记》这个视频小说可能还是为渔文化旅游村特地打造的,不太好复制,也不太便于普及。因为首先从制作成本上来说,从视听的条件上来说,比较受限制。视频小说的制作成本肯定是比播音要高,也不像播讲的小说,随便你走到哪都可以听。对于受众来说就受一点限制,也不那么方便。

其次是从文学性上来讲,我个人觉得视频小说反而削减了一些表述的文学色彩,比如作品中有这样一句话,说"羊爷母亲的脸色由阴渐渐变晴再转暖",这样的文字就给你留下了想象的

天津电台研讨

空间,你看到文字或者听到这句话你就明白,你就能想象得出来这个脸色是什么样的;但是你在画面上就很难表现,而且这个画面给得太满了,听觉加上视觉的时候,你基本上就没有想象的空间了,就填得太满,反而冲淡了它的文学色彩,它的那种美。后来我不再看了,我就闭着眼听,我反而听出来我自己的想象了,我听出刘兰芳声音的魅力,也听出来文字留给你的想象的空间。当然视频小说这个形式是可以用的,但是要把资源利用好,做充足。

（万镜明,天津市文联原党组书记、常务副主席,研究员）

视觉、听觉的结合上还有一定的空间

倪音海

视频小说《羊爷逮鱼记》的内容给我印象比较深刻。因为刚才各位老师也都说了,比如说浓郁的乡土气息,生动的人物塑造,朴实的语言陈述,这个都是没有问题的。我想重点说一下,在视觉和听觉的结合点上,怎么能够做得更好。特别是刚才万书记提出来,的的确确,广播和电视一个是听觉的艺术,一个是画面的艺术,听觉提供了一个很大的空间,画面是否能够通过一个什么样的手段来打动你,两者如何更好地结合起来,的确是有特别大的难度。

关于视觉和听觉的结合,我们做过很多的尝试,最早的尝试就是相声TV,就是我们拍的。其实我们频道拍了很多的相声TV,特别是利用像《钓鱼》等传统的作品,有的做得不错,有的就不理想,其最根本的原因是什么呢?越是大家耳熟能详的作品,你提供的画面是否符合观众的内心预期,这个非常重要。对于小说而言,特别是对于这一类乡土气息非常浓的小说而言,我觉得画面的体现反而应该算是一个比较有特点的表现方式。为什么？限于技术手段，过去我们更多的是听小说，特别是广播小说，为我们提供了很多想象的空间，像万书记说的脸色变化，如果体现在画面上，专业演员可能会做得到，如果是本色演员的话很难做到，其实还有其他的方法可以替代。比如用空镜、用音效、用音乐的情绪的变化，其实这都是可以做的。

我倒是觉得这个尝试是可以进行下去的，是因为我们现在的生活和过去的生活截然不同。现在一部手机作为终端，它既可以通讯，又可以作为阅读等的工具，在一部手机上都可以完成了，社交平台本身为我们提供了非常多的可能。现在之所以说信息碎片化，是因为它和我们的生活节奏是紧紧结合在一起的，所以我倒是觉得视频小说这种方式可以继续尝试，但是要采取更好的制作手段。

前段日子我儿子问我蟋蟀、蛐蛐有什么区别，我只能说一个是专用名词，一个是俗称，但是蛐蛐又分很多种，这些东西实际上现在还是能看得见，充满乡土气息的作品里也常有体现，这实际上就是一种文化的传承，是一种人们对过去乡村生活的一种记忆，这种记忆比如画面的流传和记载其实是非常重要的，甚至比文字还要重要。比如说我刚才提到蛐蛐及蛐蛐的种类等，要想把这些搞明白，只有在科学刊物上才能够查到。但是如果我们通过文学的方式，通过有视频、有画面的东西把它记载下来，而不是仅仅局限于科教片这种方式，我觉得在文学方面是一个很好的尝试，而且是一个很好的应用。就像《舌尖上的中国》，老大娘可能看着觉得蹦来蹦去，没什么意思，但是年轻人会觉得很好。因为很多食材他们不了解，甚至可能也吃不到，但是他能通过画面感受到那些东西。

无论是听觉还是画面,都需要有空间。就听觉而言,我们在听小说的时候,很多描述在听完以后在你心中会有一种感应,然后你有感触,那么你就能够体会到它给你传递的信息和美。其实画面也是,除了人物表演,空镜及其他效果的运用,同样可以补充和弥补很多。所以我觉得这是一种特别好的尝试,现在陈主任开了一个头,我倒是建议不妨坚持下去,当然了,可能得需要一部分投入,另外可以把它做得更精致一点,传递的信息更多一点。在乡村里头光鸟鸣就多少种,蛐蛐的不同的叫声,所以说这些很多都是我们都市里没有的。萤火虫是什么样的东西?孩子们一说课文都背得很清楚,你真正让他知道萤火虫是什么东西,他抓过吗?这些东西都没有。所以我觉得也许我们是做电视的,对画面可能情有独钟,但是我们觉得在特定的环境当中,画面呈现的东西,画面的记载和传承更有助于文字的流传。我觉得视觉和听觉的这种结合拓展了文学的空间,只是在于好与不好、精致与不精致、生动与不生动,而不在于这两个东西不能很好地结合,这是我的一点感受。仅供您参考。

（倪音海,天津电视台文艺频道一级编导）

三、《窝头河的春天》出版座谈会

2021年4月9日下午四点,天色晴朗,春意盎然,西照的霞光铺满了校园。由天津人民出版社、天津师范大学音乐与影视学院主办的张伯苓散文集《窝头河的春天》首发出版座谈会,在天

座谈会会场

津师范大学隆重举行。文化艺术界、新闻出版界、曲艺界的领导、专家、学者等各界人士出席。天津广播电视台新闻广播主播芳忱主持了座谈会。

真诚不做作，朴实不虚华

张素梅

尊敬的各位领导、各位来宾，大家下午好。非常感谢大家在百忙之中抽出时间来参加我们天津人民出版社最新出版的《窝头河的春天》的出版座谈会。我和这本书的作者张伯苓先生，实际上我平时习惯叫伯苓主席，我跟伯苓主席相识是在2013年，当时伯苓主席是宝坻区政协的副主席，所以这个称呼一直延续到了现在。

到现在我跟伯苓主席相识有八年了，在这八年中伯苓主席出版了四本书，这四本书都是在天津人民出版社出版的，而且我也非常荣幸，伯苓主席的这四本书都是由我做的责任编辑。

伯苓主席的作品有一个最大的特点，就是他的作品都和他的家乡有关。像我们2014年为伯苓主席出版的诗文集《潮河心曲》,这是一部汇集了伯苓主席诗歌和散文作品的一个集子。在这个集子中,伯苓主席写了他家乡的景致,写了自己的工作生活,充分体现了作者对家乡、对生活、对工作的热爱。2016年,伯苓主席的短篇小说集《摆渡》在天津人民出版社出版。在这部书中作者写了发生在家乡的各种各样的有趣的事,从这个小说集中可以看出作者对他的家乡充满了眷恋,对家乡有一种别样的情怀。

2017年我们为伯苓主席再版了《马季生前与身后》。这部书是作者关注家乡的文化名人,对家乡的文化名人做追踪做研究的一个成果,也是伯苓主席对家乡文化建设的一个贡献。第四本书就是今天大家看到的《窝头河的春天》,是我们刚刚印出来的。当我拿到伯苓主席这部书稿的时候,我觉得真的是给了我一种不一样的感觉,跟之前的三本书完全不一样。正像这个书的书名《窝头河的春天》,确实给了我一种非常清新、非常温暖的春天的感觉。

《窝头河的春天》所收录的散文作品最大的特点就是真诚不做作,朴实不虚华。所谓真诚不做作,就是作者所写的东西,都是来源于他个人的真实的生活经历,没有任何虚构的成分,也不会为了把这个作品写得很好,去粉饰生活,更没有所谓的无病呻吟,完全都是有感而发。我相信大家看了之后可能会跟我有同样的感觉。所谓朴实不虚华,就是无论写作主题的确定,还是语言文字的运用,都非常接地气。其实以作者的这个身份,因为伯苓主席从事了很长时间的新闻宣传工作,应该说如果以他个人的经历和能力来讲,他完全可以把任何一篇文章的标题起得很高大上,或者在文章中堆砌很多华丽的词汇。但是作者没有,他完全都是用非常接地气的语言,用那些散发着乡土气息的语言来写的这个东西。读后让人感觉特别亲切,而且特别有代入感,能够让你融入作者所写的这个情境当中,引起读者的共鸣。

伯苓主席是一个非常严谨、非常勤奋的人,他的这种精神也感染和激励着我。因为在伯苓主席这四部书的出版过程中,针对书稿中一些文字和内容的处理方面,我和伯苓主席有过很多沟通,因为我是在城市里长大的孩子,而伯苓主席的作品中,有很多所谓乡土语言,有的我可能理解不了,所以就跟伯苓主席做沟通,伯苓主席会耐心地给我讲解释。有时今天说确定下来了,过一两天他又会给我打电话,说之前讲的不十分准确,这个应该是怎么样的,充分体现了他对待作品的严谨态度。这也是我给伯苓主席做责任编辑收获挺大的一个地方。

最后,我代表出版社感谢伯苓主席这么多年来对我们的信任,也希望伯苓主席今后能有更多更好的作品出版,希望以后伯苓主席的作品还能放在我们天津人民出版社做。如果有幸的话,我还来给您做责任编辑。

(张素梅,天津人民出版社编辑)

引人向上是作品的灵魂

孙立生

自以为我与作者张伯苓先生是半路的君子之交,即彼此心里有、不琐碎,相互轻与重无从多来往。正是抱着先睹为快、迫不及待地学习的平常态度,在匆匆忙忙的阅读中越发坚定了我对优秀文学作品乃至艺术作品应有品格的三点感慨,就是那种共鸣感觉。

第一，美好德行是作品成功的基石。作品与作者之间当然有一个德位相配的问题。我们常说德不配位、德位相配，我觉得就是这种感觉，我当然坚持内容与形式必须和谐的文学艺术观。

据我有限的了解，伯苓先生长期工作在天津市宝坻区新闻宣传部门，所谓不专业的写作经历，反而让他的思想审美之下的文字富有了一种大我的家国情怀与生动鲜活的品行，乃至由我及人，使读者也在不知不觉中视野开阔而望远。

我喜欢说这样一句话：文总是越不过心灵，艺毕竟受制于人品。伯苓先生的文字是包括品质、思想、审美、信仰在内的综合素养的外延。它又一次告诉我，秀外永远只是惠中的体现而已，从而才能在细致入微的表述中，得以在自然、贴切里弘扬了新生活赐予他的一些耐人寻味、引人向上的认知与价值观化，刚才张编辑也说到这点了，那朴实的名字，窝头河那种感觉。我感觉伯苓先生这个言之有物的文字，就像书名一样，那样朴实无华。想起当年有一个画家给我留了一幅画，画了一幅牡丹，但是他题款的一句话，我觉得很有意思——国色不以色媚人。不以色媚人，多朴实啊。在朴实、真诚、厚道等被遭质疑，认为文学与艺术只是功夫与技巧的化身，而与做人没有本质联系的时候，我觉得伯苓先生的新作出版座谈活动在天津师范大学举办，无疑是天津人民出版社和天津师大一个旗帜鲜明的表态，有着反璞归真的符号价值意义，这是我第一点感受。

第二，引人向上是优秀作品的灵魂。引人向上，给人希望，给人们所谓的正能量，绝不是文学艺术作品形式的美感，绝不是与这个文学作品形式美感相悖。今天宝坻电视台来采访我的时候，在我反复提到马季先生相声品质的时候，和读伯苓先生著作有同样的感觉——我要引人向上。现在我们的教化功能越来越淡化，这是很可怕的事情。中华文明五千年，来自于优秀传统文化的戏剧小说，如《窦娥冤》《水浒传》等，无不是为百姓代言，或者与百姓的爱憎审美相一致。很高兴看到伯苓先生写了很多自己身边的事儿，写自己熟悉的生活，在这一点上和曲艺作品的品质有相通之处，那就是乡情乡音，浓浓的亲情、友情、爱情，这一切在伯苓先生的文章中有满满的潜移默化，有润物无声的文学能量。

第三，生命程度是作品内蕴的契机。很多人写作的目的日益趋向商业化，钱成为唯一的价值观与成功与否的判断标准。于是已退休多年的伯苓先生敢于逆流而上，积累并梳理自己的生活阅历，把年迈视为一种越发独有的资质，不屑窗外的喧嚣，而是用一颗静心完成一篇篇文字，用真诚、朴实、美好，去呼唤更多的真诚、朴实、美好，这不能不说是一种境界。我始终呼吁作家只能用作品说话，我欣喜地看到张伯苓坚持用张伯苓的文章代言，且老年的张伯苓的作品无不透着越发成熟与理性的气息。依我总结自己的一孔之见，年龄大，对文学创作、从事艺术是一种难得的财富，因为它足以使人看问题时更加去除功利心而回归文学艺术的本真，使之更富有爷爷给孙子讲故事的深入浅出的魅力。

所谓真佛只说家常话，我在对张伯苓先生新作的匆匆阅读中，深深感触到了这样的文字内容，感谢今天活动的主办单位，也让我懂得了何为先睹为快，谢谢。

（孙立生，山东省曲协名誉主席、著名作家、评论家）

情景交融彰显全面的本真力量

王大胜

首先要向张伯苓老师表示衷心的祝贺，祝贺张老师这部散文集的出版。张老师是研究马季先生成果最丰硕的人。这本书来之前我没看到，但是有一篇散文我读过，就是《老姨家的红枣树》，确实感人啊！那么另一本书就是那个《马季生前与身后》，这个我读过，所以我有点感慨，简单说三点吧。

第一，这是一部传记文学，以情动人。和之前出版的那部《马季生前与身后》一样，这部《窝头河的春天》也是散文体传记体，它是文学，读起来很惬意，也很感人。既了解鲜为人知的故事，又领略人物的感情世界，正是这种浓郁的感情色彩，深深地打动着读者，那个《老姨家的红枣树》，就是这种感觉，引人入胜。这是一个情，但这种情可能是故事当中见真情。

第二，他的散文中的情，既关乎作品中的人物，又关乎作者。作为散文集的作者，张伯苓老师的真情实感、真挚情感，源自对生活场景的细心观察，并伴随着细腻入微的真实的故事油然而生，留存在反复思虑的辗转之中，属于既是文学又是贴近于新闻通讯的那种感觉，是纪实内容的感性表达，真实内容的抒情表达。在故事当中见真情，所以更见其真，是这种感觉。

第三，它是一种情理交融，彰显全面的本真力量。散文和论文是并列的，就像情和理并列一样，那么散文以情动人，论文以理服人，是这样一种感觉，但也不是绝对的，散文当中也是有理性的升华，有理性的智慧生发出来的。张老师的散文就是这样，

050

你常常可以在一些细微的故事当中见到人物的宽宏和豁达。

我国思想史上文史哲不分家的那种情况告诉我们，论文其实未必就是纯粹逻辑的论证。恰恰相反，纯粹逻辑的论证显得缺乏美感，缺乏美观，情理交融才是本真。我们可以在张伯苓老师的这个散文当中品味到一种考证，一种查证，一种力量。许多马季老师的故事，就是从这里出来的，让我们感觉到这种力量，让我们感受到全面的本真力量。受益匪浅，值得拥有。

（王大胜，中央广播电视总台文艺之声原艺术指导、

著名文艺评论家）

家国情怀 信仰的力量

王振德

首先向伯苓主席表示衷心的祝贺。我和伯苓主席是老乡，伯苓主席是宝坻区八门城陈塘庄生人，我是黄庄镇生人，这两个村庄相距二十来里地。所以他所写的那个黄庄大洼，都是我童年时候亲身经历过的，所以读起来特别的亲切。我是1949年，八岁的时候移居到天津市区，所以童年的记忆都有点儿模糊了。

读了伯苓这个散文集，一下子把我的记忆都给唤起来了，有返老还童、返璞归真的感觉。他的作品给我的第一个感受，就是刚才天津人民出版社素梅老师所讲得非常真诚，特别本真、真诚、真挚、真切，还特别亲切，好像他就在你的身边来谈他自己经

历的童年故事、中年故事和现在的故事。娓娓道来，就像促膝谈心，推心置腹。

看到这本书，就觉得伯苓主席在我们的身边不断地跟我们谈心，跟我们话旧，引起我们对往事的思考和回忆，这种作用就是文艺的本质。无论是美还是善，无不源于真，只有真诚才能打动人心。也可能他这本散文出版以后不会引起轰动效应或者热销，但是能留得住，留住了一个人的心，留住了一个人的感情，还留住了我们宝坻的一段历史。尽管伯苓主席写的是自己的故事，但是他反映了改革开放四十多年来我们宝坻的人民、宝坻的干部、宝坻的方方面面的人的共同经历，具有相当的文献价值。

我的第二个感受就是他的情怀。我觉得从伯苓主席这个散文里头能学到好多东西，他让我写序言时我也谈了谈感想，我这里再补充一下，就是强调他的情怀，情是感情，怀是怀抱，他是一个有情感、有怀抱的好朋友。第一个情怀就是乡土情怀，他对宝坻这片土地爱得深沉，爱得持久，爱到自己的骨髓里。爱到自己的梦寐里。所以他在写乡土的时候，是倾注了感情的。雨声，霏霏的雨声，潺潺的雨声，绵绵的雨声，写得非常真切；蛙声，青蛙的叫声，写得那么丰富，那么多彩、有趣；芦花，平平淡淡的芦花，他写出了芦花的深邃，写出了芦花的高洁，他把芦花写得那么美那么深刻，只有长期生活在农家的、对土地深爱的人，才能写出这样的作品。

我跟宝坻教育部门的同志说，可以把伯苓的这些作品选作宝坻的乡土教材，很难得。散文集我读了不少，伯苓主席真动了真情，令人感动。他写那个柳蒿芽，柳蒿芽就是芦苇旁边形成一种野草，这马曲菜、柳蒿芽，非常香也非常好吃。但是不受人们重视，那是我们黄庄大洼人们最爱吃的美食，就连植物学家也没有这么重视，他把这个挖掘出来，写出来了，让我们能想到很多的即将失传的、需要严加保护的动植物，包括那些无名的小草。他写我们当地的长寿鸟白头鹎，就是白头翁，前几年少见了，这几年环保好了，又见得多了。他还写了宝坻的乡间小路，写了窝头河两岸的景色、风光的对比。但凡有些经历的人读了这些文章，都会感慨万千。

再一个就是他的家国情怀。家是国的根本，张伯苓把亲情系列放在第一部分，第一篇是2010年写的《怀念母亲》，第二篇是《母亲的打卤面》，第三篇就是《灯窑儿》。给母亲写了三篇。为什么写了三篇呢？就是对母亲的不断怀念，文章就不断地深化，由人及物，由物及人，情景交融。读了他写的母亲，我也想起了我的母亲，也想起了千千万万的母亲，想起了中华民族的母亲，想起了创造中华历史的伏羲氏、女娲氏、神农氏。母亲是中华民族的根本，中华民族讲究百善孝为先，伯苓把怀念母亲的文章放在第一部分第一篇，体现了张伯苓做人的宗旨。他把母亲对他的谆谆教导——做事，先想着别人；正人，先要正己——这些中华民族的品德，通过母亲来代代相传。读完这几篇以后，我觉得就可以把这些作品作为家训家风的辅助教材。他从亲情开始写到家国情怀，我觉得也是非常成功的。

第三个感受就他的时代情怀。张伯苓高中毕业后下乡务农，然后又去打工、被提拔成干部，之后通过自己的努力，从一个普通的干部逐步走向领导岗位，他是跟着时代一步一步地前进。他的前进实际上是中国改革开放四十余年人们进步的一个缩影。

"使命担当"这一部分特别突出，一共是十二篇文章，讲了他的工作历程和成长经历，讲了他怎么承担使命、承担任务，怎么从不会到会，怎么请教人，怎么写第一篇报道文章，到最后怎么写成一本一本的著作，写得非常清楚。是时代的情怀、时代的脚步，造就了张伯苓今天的成就。

第四个感觉就是他的信仰。这突出表现在"名人访谈"这部分。张伯苓这个人做事写文章，不是着眼于眼前这点事儿，也不是完全着眼于宝坻，他是着眼于全国，着眼于社会的需要。

他眼界开阔，胸怀宽广。他的文章有的在《天津日报》发表，有的在《人民日报》发表，这是因为他的作品是符合时代要求的正能量、主旋律。凡是能传世的文学作品，能够被人们记住的作家，都是人品和艺品的统一，而且人品是根本。所以只有心正、己正、文章正、风气正、文风正的作品和作家，才有流传的可能。信仰的力量是支撑艺术流传的一个法宝。伯苓主席在"名家访谈"部分写了宝坻的侯隽、邢燕子两位知识青年，因为他本人就当过知识青年，所以他对这些知识青年的成长特别的敬佩，特别的关心，特别的有共鸣。"名人访谈"中还写了评剧表演艺术家、相声表演艺术家，他对这些人的专访，对宝坻的文化发展，提振宝坻人的文化自信，有直接促进作用，也给相关研究提供了宝贵的第一手资料。

他访问浩然，访问马季，访问诸多名人，在与他们相处的过程中，他是把这些名人作为自己的榜样，作为自己的老师，正所谓近朱者赤，他老跟这些有贡献的人在一起，他自己提高了境界。当然后来他专心于研究马季先生，跟马季的这些弟子、再传弟子又有深厚的交往。访问姜昆先生、赵炎先生，都写得非常动情，彼此都很受益。有人问我，为什么马季先生在相声界这么受人重视？通过伯苓先生书中的这些介绍你就会明白，马季是新中国成立以后，在社会主义新时代为人民服务，为祖国、为新时代讴歌的相声界的一个典范，他开辟了相声创作的一条新道路，他的相声不完全是讽刺，也不是完全是逗笑，关键是给人们提振精神，给人们带来愉悦。所以伯岑先生这个信仰的情怀，尤其值得我们学习。

有人说伯岑是业余作家，我想有这种说法并不奇怪，因为伯岑先生在职的时候，他一直在宣传部、广电局做新闻宣传工作，亲自写通讯、报告文学，也写散文。但真正的文学创作是在他即将退休的2014年开始的，就是他的处女作《潮河心曲》。等到2016年写《摆渡》的时候，这本小说集引起了社会的关注，之后他也加入了中国作家协会。他退休后，除了宣传马季先生之外，就是通过文学创作抒发自己的情怀。他进入了文学领域，成了一个名副其实的作家。而今年出版的《窝头河的春天》，是他作家生涯的一个发展。什么事情都是变的。当年高尔基在写小说时，刚开始只不过是诉说自己的童年、大学普通生活而已，后来出现了《母亲》这篇巨著。一切都是发展的，非专业的可以变成专业的，专业的如果不努力，也可能成为业余的。伯岑先生久久为功、奋发努力，终于百炼成钢，他用作品说明了一切。

在乡土情怀、家国情怀、时代情怀、信仰情怀之外，伯岑先生还有一个法宝，就是非常注意传承。他的作品都是有根的，都在溯源。他写评剧就研究评剧的历史。写马季是怎么成功的，不但研究马季本人，对马季先生的弟子也进行深入访谈，而且马季这些弟子通过伯岑先生跟宝坻领导、天津师大、天津市文联、中华曲艺学会合作，搞"马季杯"展演，代代相传。

他有一篇文章专门写乾隆时期我们宝坻的一个知县洪中郎，就是洪肇楙。他还写了宝坻历史上出现的很多风云人物，如大宰相、大将军、大诗人、大艺术家，各行各业的优秀人物他都研究，而且他在宝坻区政协工作期间主要负责文史工作，这就使他对文史有一个深厚的基础。

他在宣传部、广电局的时候宣传报道各个村的情况,消息、通讯、报告文学等写了三百多篇,这是他的生活基础。有了这个基础,才有伯苓主席今天的成功,这绝不是偶然。我小时候常听老人讲伯苓主席的家乡陈塘庄的故事。过去我们宝坻人认为哪吒闹海是在陈塘庄,是宝坻的陈塘庄,而不是天津市区的陈塘庄。可见民间传说当中宝坻人就有这种不怕困难、勇往直前、敢于斗争、敢于胜利的传统。伯苓主席从小就潜移默化受到这个传统的影响。

尽管在伯苓主席这本书出版之前,其中的每篇文章我都读过,还为这本书写了序言,但是觉得这本书还是可以作为案头之书,让自己在阅读中回忆更多的事情,跟伯苓主席学习更多的东西。我也祝伯苓主席身退心不退,在未来的岁月创造更多的辉煌,谢谢大家!

(王振德,中国国学研究会名誉会长、中国艺术研究院博硕班导师、著名美术评论家)

好作品关键看文眼

蔡晓江

各位领导、各位朋友、各位专家,下午好。首先要祝贺伯苓主席的又一部著作由天津人民社出版。我代表天津电视艺术家协会,也以老朋友的身份向伯苓主席表达敬意。因为拿到这个集子比较晚,只能带着这个油墨香匆匆地浏览了一遍,但是几个系列的代表作我也都拜读了,有的长了见识,有的受了感动,有的了解了事实,更多的是感受到伯苓主席作为一个老新闻工作者的文学之心、文学之情和文学之梦。

我个人偏爱诗词韵文，对散文研究得不多，但我觉得一篇好的文章关键要看文眼。伯苓主席长期从事基层的新闻工作，在报道中都注重新闻眼。这个工作习惯延伸到他的文学创作里面，就自然而然地注重文眼，《灯窑儿》《老姨的红枣树》《温总理的批示》，这几篇文章都是文眼突出，围绕中心，记述生发升华，写得娓娓道来。伯苓主席的系列散文表现手法也多样，对所写的事物善于做细腻的描绘和精心的刻画，神得形自来，由形到神你会体会得非常透彻。他的很多作品都注意展开联想，而不是简单的事实的记述。有的有别于他惯常运用的新闻文体，能够由此及彼、由浅入深，由实到虚提炼生活的神韵，领会更多的道理。他从窝头河边的海棠花、桃花盛开，就能联想到《海棠依旧》《梨花颂》，生动流畅，水到渠成，也不做作。伯苓主席的散文有比较鲜明的语言风格，自然灵活，接近口语，也更富于哲理和诗情画意。总之，如今散文不好写，散文也不好读，更不好结集出版，更不好传播。在这样的大环境下，他还能坚守写散文的这颗文学之心，我觉得特别值得珍惜，也非常可贵。希望伯苓主席的《窝头河的春天》也能够给散文创作带来春天，我们也期待着，谢谢大家。

　　（蔡晓江，天津市文联副主席、天津市电视艺术家协会主席）

继承创新 写好自己的故事

周宝东

读了张主席的这个作品让我想起了很多类似的作品。在中国现当代文学史上，萧红的《呼兰河传》大家都很熟悉，林海音的《城南旧事》、刘长城的《一个人的村庄》、雪漠的《一个人的西部》，包括近几年中国人民大学文学教授梁红写河南的《梁庄故事》，非常的大红大热。张先生的作品，至少是一部分写乡村题材的作品，我感觉和上述这些是有呼应关系的，为乡土题材增加了新的内容。

那刚才好多先生都就自己的感触提了很多的想法，我的想法其实和大家也很相似，张先生的作品体现了真善美——感情真，真情大爱，主题善。我们讲文以载道，如染香人身有香气，就是说我们看的好东西多了，自然而然我们的性情也被潜移默化地转移了。张先生的作品里边讲的很多名人轶事，包括自己的故事，都是这样积极向上、引人向善的。这是我们中国古老传统的一种延续。最后就是语言美，语言美来自一种素朴之美，不是华丽，不是炫耀，不是张扬，而是一种低调内敛的素朴之美，这是总体的感觉。下面我结合张先生的作品和自身的课程，因为我在学院是研究写作和创意写作方面的老师，和大家分享一下如何写好一个故事。

张先生写的《母亲》，很容易让人想起胡适先生有一篇同名作品，他们在写法上还是有很多传承的。写散文也好，写小说也罢，尤其是现在写散文，应该是已经脱离了我们以前那种思维，光写景、抒情不行了，现在要写故事。什么是故事？就是要写人和物。其实我自己总结应该从三个层次来写，人一般都是要写"这一个"，文学创作要成为经典，必须成为"这一个"。那"这一个"如何来创造？应该从三个方面着手。

第一个就是写体态特征要比较明显。各位坐在这儿我们看都是容貌清秀五官健全，突然进来了一个只有一只耳朵的人，那他给我们留下的印象肯定会更加深刻，这是体貌特征。张先生在《我的母亲》中就写了母亲的小脚，我觉得在这一点上他可以再扩展，专门就这个写一篇文章。因为现在很多人对于小脚已经是太陌生了，甚至连图片见得都比较少。母亲虽然小脚，但有巨大的能量，抓住这一点，再延伸出一篇文章会更好。

第二个就是写人要从记忆方面再提升一个层次。除了体貌特征吸引人之外，第二就是记忆。比如相声大师、书画家，还有书法家，他们每人各善胜场，这些就是写作者应着眼的点。母亲虽然很平凡，但是她的打卤面做得很好，这就是写的记忆层次。

第三个就是写人的品行。母亲有什么特点？博爱、正直、善良，对于侄女怀艳的关爱，对于子女的严格，对于自己的弟弟妹妹们的关爱，在作品里边都得到了呈现，所以写人通过这三个层次——体貌特征，各善胜场的记忆，再加上品行品性，这个人就立起来的。

再有就是从写物方面来说，一般物分为静物和动物，这个动物当然不是说小猫小狗，是动态的物。静物是凝固的历史，比如我们家里边有些个物品，它肯定有它的故事，它是怎么来的？为什么会在您的手里？另外就包括书里的照片，每一个照片背后都是一个故事，从这些点可以切入。动态的物就是主题物。有的东西可以贯穿这个作品，比如说《红楼梦》里的鸳鸯剑，那这个物件在作品里边不但串起了情节,而且发挥了自身的作用。鸳鸯剑本身还是爱情的象征,它的分分合合也是加深了作品的主题。这是人和物方面,我们在创作的时候,如果在这些方面加以注意,肯定会把作品写得更动人。这是从文本细读的角度来关注张主席的这个作品。

在继承的基础上,张主席又有了创新,他走在了时代的前列。他有一篇微视频小说叫《羊爷逮鱼记》,我还真是几乎第一次接触这个概念,以后有机会一定把它好好研究一下,也推荐给我自己的学生,让他们来学习来观摩,为自己的创作提供一个范本。古人张载说:"为天地立心,为生民立命,为往圣继绝学,为万世开太平。"也希望张主席能够再出佳作,我们再来参加您的出版座谈会。

(周宝东,天津师范大学文学院副院长、副教授,文学博士)

生活中的感悟

尹玉辉

这本书一看书名就特别亲切。每天我在窝头河边走,张主席也在窝头河边走,每天遛弯的时候差不多都能碰见,忽然就有一个非常大的感慨。我们老家有一句话,不知道贴切不贴切,就是拾柴火的不能跟放羊的比。什么意思?就是拾柴火是有任务的,而放羊的,他玩儿就是任务。我就想我每天都在窝头河边走,张主席每天也在窝头河边走,然后忽然间《窝头河的春天》就诞生了,而我把腿走出静脉曲张了,却没什么收获,这就是差距。

我的感悟是什么呢? 伯苓主席是我们宝坻区从事文字工作的老前辈,也是我们一直在追随学习的榜样。从新闻报道开始做起,到当了领导干部一直也没有停笔,从一个领导干部现在又转身成为一个职业作家,真是非常了不起的,也是我们需要认真学习的。我想这就是伯苓主席的一种职业习惯,一种文化修养。虽然都是在走路,都在遛弯,但是他在构思文章,他在陈列生活,他把一生的经历和感悟经过酝酿,然后通过文章来释放出来,这就是成就感。这是一个人的修养和能力的体现。这是好多人都做不到的,像我就做不到。我一定要向伯苓主席好好学习,多读书,也希望伯苓主席多出佳作,窝头河的夏天、窝头河的秋天都可以写。谢谢大家!

(尹玉辉,时任天津市宝坻区文旅局副局长、知名诗人)

可以尝试给孩子们开设乡土课

纪秀荣

特别高兴也特别荣幸参加伯苓主席这本散文新著的出版座谈会。刚才我坐那时还在想伯苓主席上一本书《摆渡》,在2017年的春天,讨论的时候的那个热火朝天的场面,我还记得特别清楚。真的没想到这位老兄四年后又出一本新作,而且是散文的新著。

首先表示祝贺。作为出版集团,我

们太荣幸了,您太给力了。您四本书都在天津人民出版社出版,我想以后有好的作品,我们在座的这些专家作家,我们天津出版传媒集团,我们天津人民出版社,我们一定还要服务好,给大家把书出好。前面这些专家,特别是王振德老师对于伯苓主席这本书的评价,从作品到他这个人,说得太全面了,我觉得要再说确实也说不出什么新意。作为出版人我在思考,我们现在的孩子是离什么近了,离什么远了?我们的孩子离网络近了,离不开手机,离不开电视,离不开视频,离不开平板电脑。但是我觉得他们离乡土远了,特别是您讲的那些故事,其实对我个人来讲,很多我都是觉得非常陌生。所以我倒是觉得通过伯苓主席的这本散文新著,我们可以尝试着给孩子们开一些乡土课,让他们知道我们的土地是怎么样的,我们土地上生活的人民是怎么样的,他们有怎么样的想法,他们的生活方式,他们的情怀……如果有可能也请他们的姥姥、姥爷,爷爷、奶奶给他们做一个打卤面。其实我觉得孩子在成长过程中对于人生的了解,真的需要有这些亲情的联系,有他们对我们的土地、风俗以及对我们历史和文化的爱恋。所以我想我们也可以做出一个邀请,请伯苓主席将来给我们的孩子们讲一讲,我想让孩子们离我们的土地越来越近,知道在这些土地上我们的生生息息,这样我们的民族才更有希望。谢谢大家。

（纪秀荣,时任天津出版传媒集团副总经理、知名出版家、韬奋出版奖获得者）

文艺作品要写在祖国的大地上

钟英华

各位领导、各位艺术家、各位专家，今天高朋满座，这个座谈会真的是不一般。特别是姜昆主席、高玉葆主席，还有赵炎、李增瑞这些领导和老艺术家，在百忙之中抽时间赶来，我觉得这也是我们第二届马季艺术研究会代表大会重要的前奏曲。

在与伯苓主席的接触中，我感觉这个老先生为人很真诚，有情有义，而且组织力、推动力、协调力、执行力也非比寻常。今天之所以这么多领导专家能够来参加这个座谈会，一个很重要的原因就是伯苓主席的真诚能打动人，能够吸引人、凝聚人，能够有号召力的。

伯苓主席有非常深厚的家乡情怀，你看他的书名《窝头河的春天》。窝头河是他家乡的河，窝头河畔是他每天散步的地方，有非常深刻的含义。文艺作品如果不写在自己家乡的泥土上，如果不写自己家乡百姓生活中的故事，如果不写在祖国大地上，肯定是没有生命力的。

所以我觉得伯苓主席的这部散文集，虽然文字朴实无华，但是很有教育意义。我们文学院的周宝东教授就坐在那儿了，他的课是学校中青年教师里边最上座的，可谓一课难求。刚才你讲得也非常好，但是我还是给你个建议，你让伯苓主席再写几部，那得给他时间，你现在就可以拿这个书《窝头河的春天》去上课，把它作为一个案例，请伯苓主席去讲讲，我觉得上一次伯苓主席给新闻专业的学生就讲得非常好，这也是生动的案例啊。

写作不只是运用写作技能写出文字和华丽的辞藻,关键是你写的这个东西能够真正打动人,能够接地气,能够发挥文字的益处效应,这是最可贵的。

非常感谢天津出版传媒集团、天津人民出版社能够把《窝头河的春天》的出版座谈会安排在天津师范大学,能够请来这么多领导、专家和学者,让天津师范大学蓬荜生辉。感谢各位长期以来对我们学校的支持,感谢各位对马季艺术研究会工作的执着的追求。我们只有一条,就是把工作再进一步做好,给大家服务好。

希望伯苓主席,就像姜昆主席题字中写的,"老骥伏枥,志在千里",笔耕不辍,再多写几本。宝坻真是出人才的,不光是历史名人一大堆,还有在座的各位艺术家、文学家,希望各位再多辛苦一点,多奉献像《窝头河的春天》这样的力作,谢谢大家。

（钟英华,时任天津师范大学党委副书记、校长,
博士生导师,现任世界汉语教学学会会长）

"三亲"史料书写乡村

高玉葆

各位艺术家、各位作家,各位新闻出版界的大家,还有我们天津师范大学的老师和同学们,站在这个地方,我和大家一样非常激动。这个讲台我非常熟悉了,因为我在咱们师范大学任过十多年的校领导,三年的副校长,十二年的校长,在这个地方我和伯苓主席在姜昆主席的指导帮助下,成立了马季艺术研究会。在这个地方我们也开过许多次会,做过各种宣传。但今天非常特别,伯苓主席的散文集《窝头河的春天》正式出版发行,也恰逢其时。

我们知道今年是建党100周年,今年也是"十四五"的开局

之年。在"十四五"规划当中,包括2035年远景目标当中,乡村振兴这个题目始终是全党、全国上下都关心的。伯苓主席这本书写的正是乡村发展、农村改革深化的过程。书中的一景一人物一故事,读起来都非常亲切,这本书一定会起到它应有的作用,起到宣传、教育、启发的作用,也会鼓舞大伙把"三农"工作做好,把乡村振兴工作做好,把这份乡愁留住,所以我感到这本书非常有意义。

我和伯苓主席既有在公事上的交往,也有私交,已经好多年。于公,我们共同为打造马季艺术研究品牌奋斗了多年,为马研会的发展也合作了多年。说起来故事很长,也经历很多,很不简单。中间遇到了很多困难,有好多坎坷,好多故事我们都走过来了,马季艺术研究会成功地走过了五年,加上前面的酝酿、铺垫,至少六七年时间,马研会到走到今天培育了好多新人,也产生了好多作品和成果。

马研会还会发展,明天就要开第二届马季艺术研究会代表大会,要选举产生新的理事会。很荣幸,这么多年来,姜昆主席站在高端引领相声艺术的发展,特别有象征意义,帮助我们指导成立了马季艺术研究会,明天换届我们新的一个班底又会产生,沿着这个已经走过的路继续往前行,一定会产生更多的育人作品,更多的文艺作品,这是一个方面。

另一方面,我和伯苓主席在政协一个系统,我从2011年做天津市政协副主席到现在正好十年,在这十年当中,也和姜昆主席和伯苓主席有交集。伯苓主席在宝坻分管政协文史工作整整八年,之前在新闻战线、思想宣传文化战线做了好多年的耕耘工作,成果非常丰硕。

伯苓主席在宝坻区政协分管文史资料工作的八年产生了很多成果。政协文史委员会有一个重要的功能,就是征集、编辑出版文史资料。这个文史资料要求是"三亲"史料,所谓"三亲"就是"亲历、亲见、亲闻"。伯苓主席这本书写的都是"三亲"史料,我认为他写乡村乡貌,写乡里乡亲,写各种人物故事,于情于理都是"三亲"的范畴,是很重要的"三亲"史料,非常有价值、有意义。从这个角度来讲,无论从天津师范大学的角度说,还是从政协系统说,都是我们的一份情意产生了一分耕耘和收获。我和伯苓主席,这么多年在一起,确确实实,从交友到交心,无话不谈,遇到了困难怎么去解决、找谁解决、从哪入手,都是我们一起去切磋、去商量。我们天津师范大学这么多年对马季艺术研究会非常重视,非常支持,也派出了精兵强将,除了校领导分管以外,我们还在中层干部中选拔了强将。从这个角度来讲,这是很难得的一段历史。我和伯苓主席的私交也很深厚,我们互相理解,互相帮助,互相支持,走到现在不容易,我们还会坚定地沿着这个方向走下去。最后我想说,在这个"春风杨柳万千条,春江水暖鸭先知"的季节,我们共同来祝贺《窝头河的春天》问世,谢谢各位。

(高玉葆,全国人大代表,时任天津市政协副主席、
天津师范大学校长、教授、博士生导师)

他为故乡宝坻写了一首歌，作了一个曲

姜昆

各位朋友好，特别喜欢到天津来，因为天津有一个传统——捧角儿。本来我是实在不应该攒这个底啊，因为有高主席在，有钟校长在，还有我们出版社的社长也都在，这是一个很专业的座谈会。我想之所以让我来攒这个底，就是让我来表达一下我自己能够参加这个会议的一点心情。

我真是要感谢高主席当年把马季艺术研究会落地在天津师范大学。我认为马季老师本身就是一本大书，是值得相声界、相声作者和所有曲艺人认真研究的一本书。马季老师对于中国相声的贡献是众所周知的，我们在研究马季的时候，都觉得他是一个永远绕不过去的丰碑，因为他太值得我们去研究、继承，而且要发展、学习他的那种"真正地走到人民中间去，为人民创作，以民人民为中心"的精神。伯苓先生对马季的一片真情，呈现在他对这研究马季相声这个事业中，我觉得这是在座的所有人都有了解的。

《窝头河的春天》出版以前，伯苓先生到我那说，让我给题一个书名的时候，我当时就提醒我自己，这个书名一定要工工整整，要符合伯苓的文风，不能武文弄墨、附庸文雅，显示自己在书法上怎么怎么样。

伯苓先生的这本书写得朴实无华。我读过许多伯苓的文章，包括《马季弟子回故乡》，伯苓的这篇文章，在报纸上发表了以后还，获得了孙犁文学特别奖，我看了以后非常感动。他所有的文章，都将朴实无华呈现得真真切切。

我赞成刚才王振德老师对伯苓散文集的评价,我也在艺术研究院工作过,您是我们的前辈啊,您对每一篇文章的评价都特别到位。我就觉得伯苓最大的特点就是没有离开这块土地,他写窝头河,就是在写宝坻的这片土地。我觉得伯苓把他自己全部的情感都深深地镌刻在了这片土地上,这片土地上的一切东西在他笔下都有描述,不管是植物还是在这里生活的人民,不管是他自己的亲人还是跟这块土地有关的所有的文化艺术界的人士,他都有描写。所以我觉得伯苓的这些文章实际上是为宝坻这块最可亲最可爱的土地写了一首歌,作了一个曲。我们经常到宝坻的都要读一读,读一读伯苓的这本书和他的一些作品。

呈现这首歌曲的所有音符都在这部书里头,大家走的时候要留神,别踩着音符,是吧?让我们每一个人都跟我们自己所生长的这块土地紧紧地联系在一起。我过去曾经做了个讲座,大家也给了一点评价,我讲座的题目叫《你与人民有多近,人民与你有多亲》。我觉得通过伯苓为这片土地所创作的这首歌曲,这种生活的旋律,我们就能知道伯苓跟这块土地有多亲。谢谢大家。

(姜昆,全国政协委员,马季弟子,中国曲协原主席、
著名相声表演艺术家、世界说唱艺术联盟主席)

座谈会与会者合影

四、可视广播剧《摆渡》发布座谈会

葵卯之年盛夏的7月25日上午，天津人民出版社601会议室更显热烈，天津市文联的最高领导、天津师范大学的最高领导和天津人民出版社、宝坻区委宣传部、宝坻区融媒体中心、宝坻区退伍军人事务局等相关单位的领导与各路专家学者聚集一堂，正在观看由宝坻区委宣传部监制，天津师范大学音乐与影视学院、宝坻融媒体中心、天津人民出版社出品，陈强先生导演的"津味版"可视广播剧《摆渡》。片子放完后，天津人民出版社总编辑王康女士当场激情宣布：即日起，可视广播剧《摆渡》上线喜马拉雅。之后可视广播剧《摆渡》发布会进入座谈环节。大家踊跃发言，那炙热的气氛超过了盛夏。

弘扬主旋律 传播优秀传统文化

刘庆

尊敬的各位领导、各位专家、各位前辈，欢迎大家在百忙之中莅临天津人民出版社来参加可视广播剧《摆渡》的首发座谈会，借此机会要感谢大家长期以来对我们天津人民出版社出版工作的关心、关爱和大力支持。

这次活动由我们社来主办，我们很高兴，同时也有些担心，因为我们这个出版大楼包括出版社的空间条件也是比较有限，所以也希望各位领导多多见谅。

天津人民出版社建设七十多年来,始终以弘扬主旋律、传播优秀传统文化、致力于学术著作出版及文化的积累和普及作为我们努力的方向。在集团党委的领导下,近几年来我们在社会效益、经济效益方面取得了一定的成绩。目前我们人民出版社在职职工是一百一十人,有十个编辑部,有四个期刊,一份《红领巾报》,目前年收入能够达到将近两个亿。我们每年的新书品种是一千种,重印是一千五百种,经济效益良性增长。我们觉得我们践行了总书记"三个着力"的精神,就是以党建为引领,改善民生。在未来的工作中,我们一定要聚焦主责、主业,坚持为人民出好书,按照集团的要求,坚持走深化改革、创新发展、精品生产、创新出版之路。在此,也希望各位领导、专家、前辈们更加关注和关心我们的出版工作。最后我也祝愿本次座谈会圆满成功,祝各位领导、专家、前辈生活愉快,夏日安康。谢谢大家。

(刘庆,时任天津人民出版社社长)

开启新的合作模式,出版更多优秀作品

王康

　　大家上午好,非常感谢大家前来参加可视广播剧《摆渡》的发布会。今天天气很炎热,同时我也感受到各位领导和嘉宾高涨的热情。

　　伯苓主席是我们人民出版社的老作者。在近几年,伯苓主席在我们出版社出版了四部著作:2021年出版的诗歌集《潮河心曲》,2016年出版了短篇小说

集《摆渡》,2017年出版了人物传记《马季生前与生后》,2021年出版了散文集《窝头河的春天》。这么多题材的作品,伯苓主席都能够充分驾驭,说明了他有很深的写作功底及学识素养。

刚才刘社也提到了,我们在跟伯苓主席交往的过程中,特别为他的为人所感动。他做事非常认真、细致和执着,有一种精益求精的精神,这一点特别值得我们学习。我们出版社有幸见证了伯苓主席作为一个创作者成长的历程,我们也收获了很多优秀的作品,这是非常值得欣喜的。这次可视广播剧《摆渡》就是根据伯苓主席同名小说改编的。这个作品描写了20世纪40年代一个摆渡人姥爷宝堂,他从一个普通的摆渡人变成了一个为八路军做出贡献、演绎了军民与水情的一个老人。这部作品是为了庆祝建军九十六周年而作的,所以特别有意义。可视广播剧这种形式非常生动,而且收听也非常便捷。可视广播剧《摆渡》作为一种新的演绎形式,开启了我们跟伯苓主席一个新的合作。我们也建议伯苓主席把这个红色广播剧做成一个系列,今后能开拓出一种更好的合作方式,更好地弘扬主旋律。希望伯苓主席今后能创作出更多更好的优秀作品,让我们奉献给广大的读者。

(王康,时任天津人民出版社总编辑)

创作出更多带泥土味的优秀作品

杨占岭

今天我们齐聚天津人民出版社,隆重举行视听广播剧《摆渡》首发仪式,我非常激动,因为伯苓主席一直是我的老领导,我是在伯苓主席的指导培养下成长到今天的。我现在所做的工作地是沿着伯苓主席的道路在走。今天有几点感受，和大家、各位领导汇报一下。

第一就是祝贺。祝贺《摆渡》成功录制和正式发布，也祝贺伯苓老领导的同名小说以新的形式和大家见面。《摆渡》是宝坻区与天津师范大学、天津人民出版社深度合作，进一步创新形式，首次以视听广播剧的这种模式录制推出的作品，也是一部具有时代精神、宝坻印记的文化作品，生动讲述了20世纪40年代我们宝坻箭杆河畔"姥爷"的故事，是对宝坻乡土文化生动的宣传和拥军爱民良好传统的传承与弘扬。我作为宝坻人和本剧录制的见证者，对箭杆河畔非常熟悉，由衷地感到骄傲和自豪。

第二是感谢。首先感谢市文联、天津电视台、天津师范大学一直以来对宝坻的关心、支持和帮助。刚才我跟刘社见面了，人民社我们也有很深的情缘。除了老领导，宝坻区的一些很重要的书，尤其我印象很深的是，在建党百年之际，我们策划了《时代记忆》，很难得的一本书，用了一年半的时间终于出来了。这也得感谢天津人民出版社对宣传工作的支持。应该说大家、各个部门对宝坻的支持和帮助推动了宝坻文化的发展、繁荣和对外宣介工作。另外《摆渡》的拍摄、录制，人民社给了很大的支持，表示感谢。也感谢伯苓主席始终心系家乡、关注家乡、反哺家乡，数十年如一日地挖掘家乡的本土文化。刚才王总也介绍了，出了四本书，包括《摆渡》《窝头河的春天》，这些都是反映宝坻风土人情的优秀文化作品，也助力我们更好地讲好宝坻故事。

第三就是期盼。2023年是宝坻深入学习宣传贯彻党的二十大精神的一年,我们围绕着打造"遇见宝坻—印象潮白"这个文化旅游品牌,做了很多工作。现在区委区、政府也非常重视,今年我们成功举办了潮白河四季文化旅游节,第二届"你好,天津"短视频大赛的启动仪式,还有"国潮嘉年华"主题活动。另外,现在正在进行的是2023年的津宝第七届国际音乐节。应该说这些文化活动进一步推动了文化的活跃和繁荣发展。下一步也期盼在座的各位领导和朋友们能够一如既往地关注宝坻,支持宝坻,多到宝坻走一走,看一看,指导创作更多有泥土味、带露珠的精品力作,将宝坻的自然风光、独特的人文精神风貌,通过优秀的文化作品全方位地展示在全国和各地的朋友面前,让大家更多地了解宝坻,感知宝坻,喜爱宝坻。

(杨占岭,宝坻区委宣传部主持日常工作的副部长)

艺术思政课堂教育模式的新尝试

陈 静

我非常荣幸能够代表天津师范大学音乐与影视学院参加今天的座谈活动。因为影视学院与宝坻区融媒体中心、宝坻区委宣传部、天津人民出版社通力合作,在前期参与到可视广播剧《摆渡》的策划、播演和最后的录制工作。

整个过程对于我们学院的师生来说,确实是一个非常难得的实践锻炼的机会。我们学院的几个艺术类专业,特别是表演专业，还有戏剧、影视、文学专业，实践性都非常强。学生希望我们在整个教学过程当中，给他们提供大量的舞台艺术实践和专业实践的机会，让学生在实践当中不断地历练成长。前期在《摆渡》的开机仪式上，伯苓主席把《摆渡》创作背景、创作过程，包括在摆渡船上发生的军爱民、民拥军的感人故事给我们做了详细的介绍。

在排练过程当中，我们表演系的学生们也是无数次反复打磨、研磨剧本，反复揣摩人物角色。我听我们的辅导员说，也是经过几个昼夜的通宵排练，最后将一个个生动的人物形象展现在听众面前。这确实需要学生们有扎实的台词功底，有比较扎实的表演基本功的训练。在整个排练录制过程当中，我们的师生确实是在专业能力上也得到了一个很好的提升。同时，参与可视广播剧《摆渡》的演播也是我们学院践行大思政的教育理念，即实践艺术思政课堂教育模式的一个尝试和探索。

我们学院通过双周音乐会、教学音乐会、学生的学期汇报及毕业汇报演出等一系列的形式，在不断探索各种各样的艺术实践形式。比如，前期我们原创的话剧《徐大同》的上演，确实收到了非常好的成效；前几年我们的原创音乐剧，在天津人艺等各个场所去演出，收到了非常好的效果；我们舞蹈专业的古典舞剧《惟见流长》，红色的现代舞剧《信念照亮青春》，等等。这些都是我们探索艺术加思政特色育人模式的全新尝试。

这一次我们与咱们两家单位合作，以可视广播剧的形式，将小说这种文学作品，以更广阔、更直接的一种方式传播出去。特别是借助小说《摆渡》的这个红色主题，继承和弘扬乡土文化也好，继承发扬红色文化和革命精神，是非常有意义的，建军九十六周年献上的一份厚礼。同时也反映了我们新时代的文化自觉,文化自信。

（陈静,天津师范大学音乐与影视学院党委副书记）

满怀深情颂拥军

王振德

非常感谢给我这个发言的机会。近日收听了为庆祝建军九十六周年而制作的可视广播剧《摆渡》,觉得它是坚持以人民为中心的创作导向,追求真善美的社会主义价值取向,传承并弘扬中华优秀传统传统文化,歌颂军民鱼水情深的好作品。具体表现为艺术形式好、组织方式好、作品内容好三个方面。

一、艺术形式好

可视广播剧这种新颖的艺术形式,可以灵活改编古今中外各种优秀小说或剧本,有故事情节,有人物形象,有不同角度配播的不同声音,有表现故事背景的风景图像,综合了听觉、视觉的审美效果。该剧运用了多种媒体的传播方式,极具现代艺术感染力,非常符合当今网络信息时代普惠性艺术发展的要求,也是今后可以持续发展的新的艺术形式之一,符合新时代人民大众的需求。

二、组织方式好

这部可视广播剧不是一个单位或一个专家所为,而是几个单位的多位专家及相关人士集体合作的艺术结晶,既是艺术行为,也是组织行为。其中主导单位是天津人民出版社。他们在

2016年出版了张伯苓的《摆渡》短篇小说集。出版社领导和编辑同志被张伯苓小说中浓浓的乡愁和深厚的乡土文化、传统文化、历史文化与红色基因层层叠加的生命活力所感染,特别被《摆渡》主人公宝堂姥爷散发出来的满满正能量所激励。运用媒体的主导优势,成为制作这部广播剧的核心单位。参与具体演播的主要成员,是来自天津师范大学音乐与影视学院表演系的师生,他们具备可贵的政治思想和专业素质,具有高度热忱和规范的表达能力,使这部可视广播剧成为他们展示才华、声情并茂的用武之地,也给百万收听者带来了新鲜感、亲切感和旺盛的青春气息。此外,还有《摆渡》故事的发源地宝坻区委宣传部及宝坻区融媒体中心的参与,为这部剧的创作导向、艺术真实及所要应对的具体课题,提供了有力的保障和坚强后盾。统而观之,这种务实高效、极具合力的有组织的运营方式,既是可视广播剧制作的组织创新,也是顺势应时的现实需要,很值得当今文艺创作部门或单位学习与借鉴。

三、可视广播剧剧本的故事内容好

这部可视广播剧内容源于张伯苓短篇小说《摆渡》,作者张伯苓一直生活、工作和创作于宝坻这一块热土,本乡本土、本源本色,地地道道,实实在在。他的童年、少年与工作后的方方面面都与宝坻乡土密不可分,其《摆渡》主人公宝堂就是以自己的姥爷为原型,其真实性、深刻性和亲和力非局外人能比。就剧本情感的丰富性而言,此剧情感属于乡土情、骨肉情、邻里情、军民情、报国情的综合叠加和水乳交融。众所周知,宝坻素有"文宝坻"之称,仅清代宝坻县直接考取举人功名者,就达三百余人,位居清朝各县科考率之首。同时,宝坻又有"善行宝坻"之称。明代宝坻县令袁了凡的善行理念和善行实践影响至今。宝坻乡亲行善乐施,尊重文化人士和道释人物的历史文化传统,在广播剧主人公宝堂姥爷故事中均有体现。宝堂姥爷对家人或邻里彩云一家的骨肉情深,对苏岱等抗战官兵的救助与自觉参与,对参军报国的过河的支持与成全苏岱父子的描述,都具体生动,呼之欲出,感人肺腑,使故事情节跌宕起伏,高潮突现。就剧本人物形象塑造而言,宝堂姥爷的勤劳、淳朴、真诚、勇敢、善良和舍己为人、通达事理等优秀品德,都是通过典型环境中的典型事例,予以合情合理的表现,使宝堂姥爷成为比生活中姥爷的原型更高、更强烈、更集中、更典型、更理想、更具普遍性的艺术形象,成为源于生活、高于生活,并囊括千百位箭杆河畔农民姥爷经历和品德的成功典型。作品篇幅有限,宝堂姥爷的形象却令人难忘。就剧本内容的地域特色而言,作者将箭杆河畔的乡土环境、农民用铁木锨划船的习俗,以河蟹炖豆腐等待客的饮食特色,以及作品中运用的宝坻方言或成语,都使收听者如闻其声、如见其人,如临其境,处处有亲切而又自然之感。其中作者主要表现军民亲如骨肉的鱼水深情,突出宝坻百年常青、根深蒂固的红色基因。宝坻素有将军县之称。宝坻有深厚的爱党拥军传统,涌现出了成百上千的英雄模范人物。如蒋大娘(本名安广云),曾是新中国成立初期妇孺皆知的拥军模范。宝坻参军入伍为国立功者数以百计,荣获将军称号者二十余人。这便是《摆渡》广播剧的现实依据。

今天《摆渡》可视广播剧为庆祝建军九十六周年在喜马拉雅上线,是贯彻中央6月2日"文化传承发展座谈会"精神的实际行动,是实现中国式现代化文化建设的具体尝试。我希望天津人民出版社、天津师范大学及宝坻融媒体中心等单位,持续与张伯苓先生合作,将张伯苓小说中有特色的、有代表性的作品陆续制作成系列广播剧，为天津文艺在新时代实现创造性转化、创新性发展做出更多贡献。

（王振德，中国国学研究会名誉会长、中国艺术研究院博硕班导师、著名美术评论家）

广播剧的语言就像在箭杆河洗了一遍

纪秀荣

今天特别高兴，也特别荣幸，来参加可视广播剧《摆渡》首发座谈会。

可视广播剧《摆渡》首发，这是一个特别让我们高兴的日子。八一建军节快到了，也特别应时。其实伯苓主席是早就有在建军节前搞这个活动的想法了，我觉得这种应时也特别好，表示祝贺。

我觉得从《窝头河的春天》到《摆渡》这个可视广播剧是体现了我们主题出版的优秀作品，是图书这个大众文化产品多介质创新的一个尝试。我们知道图书是用来阅读的，但现在听广播音频、看广播视频成为生活中很重要的一个部分，可能听广播剧的人比阅读他这个书的人还多。所以我觉得这是一个很重要的尝试。这个改编的广播剧，我认真听了好几遍。

我觉得这个广播剧本身就是对我的一个吸引。其实我们现在有时讲过去的故事，我们讲20世纪40年代的故事，我在听的时候脑海中就出现了很多画面。我觉得可视广播剧《摆渡》，不是原作的一个简单的取舍。因为小说我也看了，我觉得它是一

078

个重新的塑造和创造,特别是他体现的是两代人的成长。一个是姥爷的成长,一个是那个小孙子过河的成长,是这两代人承继的一个关系。

我还特别喜欢这个广播剧的语言,我觉得这个广播剧的语言就像在箭杆河里洗了一下,有那种清新的感觉,也有那种乡土的感觉、泥土的感觉。我觉得这个语言是非常好的,所以这个改编是非常成功的,包括配乐什么的都特别好。因为我还是听了好几遍,能够听得进去,能够感觉还有一种非常清新的一个感觉。

最后一点我想表达的是,向伯苓主席学习。

我和伯苓主席也是认识很多年了。刚认识时他是一个新闻人,写报告文学作品比较多。后来就是写小说、诗歌、散文,一下子出了四本书。我觉得伯苓主席始终是在学习、在思考。他讲好的不仅是宝坻的故事,也是讲好天津的故事,从更多的层面来讲,也是讲好我们的乡土故事、红色故事。伯苓主席做了很多的努力。习近平总书记讲,应该让读书成为我们的一种生活方式。我觉得伯苓主席践行得非常好,他把读书、阅读和写作当成他的一种生活方式,所以伯苓主席不仅年轻,而且睿智。是我学习的典范,我也要向您学习,好好阅读、写作、思考,让人永葆年轻。

通过这个可视广播剧的首发,也祝愿天津人民出版社能够更多地在大众化上做出更多的尝试。这样我们不仅能取得很好的两个效益,也真正让我们的作品能够深深地扎到读者之中,在两个文明建设中发挥更多的作用。

(纪秀荣,时任天津出版集团副总经理、知名出版人、韬奋出版奖获得者)

这是一个"五好"作品

翟振江

昨天晚上我用了很长时间看个这片子，看了好几遍，说四点感受。

第一就是文如其人。了解其人，有助于深刻理解其作品的内容。我和伯苓认识二十余年，给我印象非常深刻。他很会抓机遇，很会利用机遇，而且一找就成功，成功就开花，开花就结果（现场笑声）。我讲个简单的小例子。宝坻是评剧之乡，他紧紧抓住这一点，十几年前搞了若干场环渤海青年演员评剧电视大赛，我印象深刻，对于宝坻的文化建设发挥了重要作用。

还有就是他抓住马季这个文化名人，深度挖掘，做了很多事。我觉得马季这篇文章是伯苓做得最好的事儿。他搞文化栏目的建设，做了一批有影响的栏目，影响最深的《开心双休日》主打评剧、《文化大院》主打歌曲。他带着主持人下到农家院里，送文化，送故事，送欢乐，三送一体，一到年底评奖，在市里一等奖拿了不少。因为他这个栏目做得很有深度。他自己也是，要做就得做那个最好的。很会抓机遇，抓节目抓到极致。有一年我们天津广播电视台承办了全国金话筒奖颁奖晚会，伯苓知道了，他找我去了，说："这不行，这你得去宝坻弄去。"为什么呢？那一年，在金话筒奖获得者中有马季的儿子马东。他非让宝坻的领导给他颁奖，策划点非常好。这也是支持我们的工作。搞得非常大非常成功。那天，还是马东的四十岁生日，给他过生日。全国广播电视界主持人、播音员

获奖的四十三个名嘴基本到齐：老一代的林如、铁成、赵忠祥，新一代的李瑞英、白岩松、敬一丹、康辉，都来了，一网打尽。那时候印象最深刻的是罗京，罗京当时是癌症晚期，来不了了，只能现场连线。罗京的"绝唱"是在宝坻，最后一句话是"祝愿宝坻人民永远安康"，"绝唱"啊！伯苓是个立体化的人，有思想、有风格，五位一体，他深揽中国政治、文化、生态环境，也特别喜爱自己爱好的文化、文学，才有了今天的作品、今天的成就，表示祝贺。

第二就是作品的内涵。刚才王振德老先生说的，我赞成，他的作品内涵很鲜明，就是满满的正能量。如果心里只有昏暗的东西，你不可能反映到作品中。你如果心里光明，让他走邪道也很难。

你让伯苓写庸俗的他不写，他骨子里、灵魂里就是正能量的。他作品中的正能量应该集中体现在姥爷的身上。我刚看了就是这一点。姥爷的摆渡有"五个有"，有义气、有善心、有情怀、有骨气、有温度。摆渡救八路军战士，又收养小过河；严厉批评二豹打媳妇、护着彩云，又给酒鬼二豹机会，成就他们的婚姻。作品中满满的正能量，立得住，听得见，信得过。伯苓把自己的三观也集中体现在这个作品中，体现在姥爷身上，使得这个人物很丰满。由此可见，伯苓还是时刻不忘自己这个老宣传战士的使命。

第三就是作品的创作风格。他的创作风格接近孙犁的荷花淀派，可视广播剧的画面很美，说明张伯苓对孙犁的作品应该是非常喜爱的，也从中汲取了很多东西。与荷花淀基本是相仿的，作品里、广播剧里有很多相似之处。

一是作品的时代背景都是抗战时期；二是故事一个发生在

冀中，一个发生在冀东。故事的主人公，一个是白洋淀的水生、水生嫂，一个是摆渡的姥爷宝堂；一个是在白洋淀上，一个是在箭杆河边。语言一样的朴素，一样的注重推荐的场景描写和细腻的细节。同样的乡情，不同的象征。孙犁老先生百年之后又有了后来人。所以这个创作风格我也很喜欢，因为我也是来自农村，来自狼山脚下的偏僻的村子，对乡土的感情极深，这种感情无以言表。

第四就是可视广播剧的影像的适度，增添了作品的感染力。我这是第一次接触广播剧配画面，我之前还真没接触过，应该说是视听广播剧吧。我能深深感受到，作品中凝结着创造者的心智、辛劳和汗水。其中包括小时候的工作、广播剧的改变、画面的选配，等等，不简单不容易，精神可嘉，总体感觉这个尝试是成功的，效果尚好。习近平总书记讲要守正创新。守正就是坚守正道，真理和事物的本质规律，创新则是在守正基础上进行创造性的改变和发展。《摆渡》就是一个守正创新的作品。至于效果，还应当在播放以后让观众来评价。即观众认同不认同，学界认知不认知、认可不认可，有待实践检验。因为这一点我体会很深。当年我做总监的时候，遇到一个很大的尴尬。我们当年有一个竞选栏目叫《博客中国》，应该说我们做得非常好，具有独特性。但是两次参加全国评选，两次被毙。第一次拿去纪录片委员会参加评比，人家认为纪录片应该是带解说的而这个片子是配了主持人的，不行。第二次拿去参加关于播音主持作品的评比，人家不认可，你认为这是纪录片，人家认为主持人的分量太轻，也不像事物在发展，人家认为四不像的东西有可能就是好东西，所以我们一直坚持。最终，我们获得了播音主持的金话筒奖。可视广播剧《摆渡》也是个尝试。我个人感觉是有益的，听众闭眼能听,听的同时可以想像;你可以睁眼看,看着有启发、有启迪。这么美的画面,净而不乱。为过河母亲埋葬出殡配的唢呐鼓乐,对于主题的把握还是挺好的。看完以后有体悟,我觉得这是个"五好"作品。即有荷花淀风格小说的原作好,广播剧改编得好,画面音乐配得好,播讲得好,后期制作好。总之,这个可视广播剧是成功的,也感谢伯苓给我们提供这么好的精神食粮。

(翟振江,中国广播电视学会电视艺术委员会副主任、

天津电视台原总编辑)

强强联合打造优秀作品的有效形式

李治邦

看了可视广播剧《摆渡》,谈几点感受。

第一,特别感谢天津人民出版社、天津师范大学、天津市宝坻区委宣传部和宝坻区融媒体中心,这几家强强合作,产生出来这么一个好的产品。这真是强强联合,缺一不可。天津市目前像这么几家强有力的单位能够融合在一起,共同发声,还比较少见。这几家那么强的单位能够合在一起制作出一个精品,就成了一个很好的母体。

第二,我觉得这个形式新颖,可谓国内首创。我也曾参与制作过两部作品。是曾经获得"五个一工程奖"的广播剧。传统广播剧不是这么做的,可视广播剧《摆渡》开辟了一种全新的表现方式,就是配画面、配音乐。这个画面充分地与原作品融合在一

起，紧贴在一起，以前是听，现在不仅是听，而且还要看，所以出品单位做了一件很好的事情。也特别感谢陈强夫妇，那个画面让你不看不行，美得让你心醉。而且这种美跟伯苓先生的《摆渡》有机地结合在一起，不是两张皮。我觉得有一点应该肯定，就是这个画面有机地衬托、烘托了这个作品，有一种立体感、全方位感。这种创新确实是国内第一。

刚才翟总说了，他有一种担心，就是观众是否认可。我觉得会认可的，在喜马拉雅，我相信会有一个好的结果。因为受众现在已经进到了试听环节。《长安三万里》十几个亿的票房，写的是李白和高适，作者原来没想到会有这么好的结果，因为满片都是唐诗，结果就拍成这样。而且很多是父母带着自己的孩子去看的，去享受唐诗的美。这个事情给我们做了一个很好的例证，说明我们这个《摆渡》也可能会借势而上，开辟了广播剧的一个先河。

第三点，"摆渡"还有一种说法叫渡人，这是一种中华传统美德。原著中，伯苓先生就把"摆渡"做了很好的图解。宝堂姥爷在摆渡过程中求过很多人，通过渡人，体现了宝堂姥爷身上的一种纯朴的美德。这种红色文化的介入，我觉得特别像《荷花淀》，没有生拉硬拽，而是融合得特别好。把八路军跟老百姓的关系写得特别贴切，特别融合，特别纯朴，特别善良，让人感觉到可信、可敬、可贺、可爱。

他写的箭杆河，确实写得很美。同时写了箭杆河边涌现出来的很多像宝堂姥爷、彩云、苏岱这样的人物。可见，箭杆河这个载体成就了这些人物，也丰富了这些人物，让这些人物更生动、形象。

最后一点说语言。这部小说的语言在改编为可视广播剧后,更有生命力了。我也是写广播剧出身,没有语言就没有生命,就没有活体。《摆渡》的语言确实很有风格,美得恰到好处。而且伯苓写的人物对话,特别适合于广播剧这个载体。所以我觉得可视广播剧的成功跟伯苓小说语言的成功是不可分的,选《摆渡》是选对了。最后,预祝我们在喜马拉雅建功立业。谢谢大家。

(李治邦,文化和旅游部优秀专家、
天津市非遗保护协会党支部书记、著名作家)

走在广播剧的正道上

王大胜

可视广播剧《摆渡》是一部守正创新之作,是一部走在广播剧发展正路上的精品佳作。这部剧作根据张伯苓的同名小说改编、演播、录制而成。作家张伯苓的小说细腻、真挚,总是以如数家珍、娓娓道来的口吻叙事,处处散发出亲情、乡情和爱国之情,塑造出可爱可敬的亲人形象。这种创作风格是口语性和演播性相结合的坚实基础,对于广播演播艺术来说是极佳的。而且在众多的小说当中选中这篇《摆渡》,在剧中立体呈现摆渡河口风水鸟虫等天籁之音、青青芦苇碧波荡漾的自然景色和"我姥爷"这个核心人物的动人故事,充分显现广播剧编导的艺术慧眼,给受众带来听觉和视觉的立体美感。演播者的断句极其精准,娴熟老道,明显超越了作为学生常有或者该有的青涩。并且，句断气不断，语流顺畅、娓娓动听。

我想着重说一下我对《摆渡》这部可视广播剧的总体看法，就是认为它是一部真正的守正创新之作，是一部走在广播剧发展正路上的精品佳作。

既然认为这是一部真正的守正创新之作，就要回答什么是"守正创新"，特别是要回答什么是"正"。对于这个问题，我曾经比较系统地学习习近平关于守正创新的相关论述，在第四届马季相声论坛的论文当中谈到过。习近平总书记所说的守正创新，守的是一切从实际出发的思维逻辑，是守住唯物辩证法的理论基础，也就是守住客观实际、辩证规律、时代条件、历史逻辑和事物本质。广播剧面临的客观实际、时代条件和历史逻辑，主要在于单纯听觉的形式局限与视听融合的传播时代不相适应的矛盾。可视广播剧是业内人士解决这个矛盾问题的主要路径。在解决这个问题的过程中，必须首先遵守的事物本质和客观规律在于"艺术"二字。脱离艺术本质、违背艺术规律，会使广播剧走向误区，走进迷途。

并不是所有人都赞成可视广播剧。一部分人以听觉作为广播剧的本质，以始终不变应对时代条件之变，在原有的历史条件下进行创作，创作出与视听时代间隔相望的广播剧作品，并误以为这是守正创新。固然，诉诸于听觉的广播艺术并不会因为视听时代的到来而完全消退，但视听时代的到来立竿见影地显现出听觉传播的局限。既然客观条件已经进入视听传播的时代，就应当在遵守艺术本质和艺术规律的前提下与时俱进。这是一切从实际出发的思维逻辑所得出的应有结论。至于广播剧听觉想象空间广阔的优势，应该并且可以在可视广播剧中充分保存，不宜削弱。

赞成可视广播剧的人士,在广播剧创作演播的艺术实践中,主要在尝试四种可视的对象,分别是台词字幕、演播现场、内容情境、动漫演绎,把它们作为可视广播剧的视觉内容,与作品的听觉内容同时呈现。虽然这四种方式并不能涵盖所有方式,但它们构成了介于广播剧与电视剧之间相对完整的整体序列,可以进行性质的系统分析。

对于这种创造性的生产活动,可以用马克思的全面生产理论来具体分析。在马克思看来,动物的生产是片面的生产,人类的生产是全面的生产。人类是按照物种尺度、对象尺度和内在尺度来进行全面生产的。物种尺度对于人来说就是人种尺度。视觉听觉以及声带嗓音等都是人种尺度的有机部分。对象尺度就是人的本质力量的作用,主要是作为生产对象的作品尺度和作为消费者的受众尺度。内在尺度是生产主体的美学尺度。这三者是有机的统一体。可视广播剧中的听觉和视觉是人种尺度的重要体现。同时,可视广播剧作为生产对象,其质的尺度介于广播剧和电视剧之间,既超越广播剧的单纯听觉性,又有别于电视剧以视觉为主、听觉为辅的视听性,而只能是以听觉为主、视觉为辅。可视广播剧的本质尺度归根结底受到生产主体的美学尺度的制约。艺术审美是广播剧和可视广播剧的存在依据和根本价值。这种美学尺度决定着生产的自觉、自由的性质,它是由生产主体在实践中的目的需求和在理论上的立场观点方法决定的。

让我们对这四种方式逐一进行分析。第一,台词字幕。作品台词以字幕的形式同时呈现,是视觉化的一个重要方面,是生产主体根据受众尺度来决定的,是必然的。同时,就广播剧的作品本质和艺术本质来说也是必然的,因为这些台词本身既是作品的语言形式也是作品的言语内容。第二,演播现场。演播现场虽然也是由受众尺度决定的,似乎是必然的,但它并不是作品的内容和形式,更不是艺术的内容和形式。因此从作品尺度和艺术尺度而论,它是外在的、偶然的,并非必然,可以有却并非必然有。演播现场在可视广播剧中偶然出现的正当性仅仅源自受众尺度中非艺术审美的外在方面,并不是可视广播剧的本质尺度。第三,内容情境。可视广播剧《摆渡》很典型地把作品的内容情境作为视觉化的对象,与作品的内容和形式浑然一体,是受众的审美尺度和作品的艺术尺度的统一,是符合美学规律和艺术规律的,是完全必然的。第四,动漫演绎。动漫演绎的所谓"可视广播剧"实质上从属于电视剧,视觉是其根本,失去视觉就失去存在意义。因此它并不是真正意义上的广播剧。

值得强调的是,可视广播剧《摆渡》的可视内容并不是单一的,而是综合的;不是局部的,而是整体的;不是片面的,而是全面的。字幕、演播现场和内容情境都在作品中有所呈现,所不同的是主次分明、适得其位的。内容情境是首要的,随着内容的逐渐演进而缓慢变化;字幕是重要的,贯穿始终;演播场景是局部的、点缀性的。特别是这些视觉是次要的,听觉依然是主要的。闭着眼睛听,依然是具有广阔想象空间的广播剧。睁开眼睛看,是内容与形式浑然一体的艺术品。这正是唯物辩证法两点论和重点论相统一的符合客观规律的守正创新,是可视广播剧与时俱进的正道。

(王大胜,中央广播电视总台文艺之声原艺术指导、
著名文艺评论家)

新媒体环境下广播剧表现方式的新探索

蔡晓江

今天是伯苓主席的小说改编的可视广播剧《摆渡》的首发仪式，我代表天津视协并作为老朋友本人向伯苓主席表达祝贺。同时也向另一位老同事、老朋友，这部剧的导演陈强主任表示钦佩和祝贺！

我称呼"伯苓主席""陈强主任"，都是当年他们在职在任时的"官称"，也借此显示我们之间二十多年的交情和友谊。说起来，围绕伯苓主席《摆渡》这部作品，还真有些渊源要跟大家介绍。

2018年，伯苓主席出版了短篇小说集《摆渡》，当时有个创意，请评书名家刘兰芳老师播讲这个作品，由天津人民广播电台录制播出。这本是一件几全其美的大好事，但由于种种原因，没能成行。所以当我接到伯苓主席邀请，出席今天的《摆渡》广播剧的座谈研讨会时，还是非常感慨的。感慨的是有志者事竟成。伯苓主席是一位有着浓厚的文学之情、深沉的文学之心、长久的文学之梦的作家，长期的基层工作的锤炼，常年的根植于农村的土壤，培养了他不屈不挠、坚忍不拔的性格。为了实现推广《摆渡》的文学之梦，他殚精竭虑，想尽各种办法，努力促成。功夫不负有心人，他遇到了志同道合的老朋友陈强主任，两人一起圆了这个广播剧的艺术创作之梦。

陈强主任是资深的电视编导，制作过很多脍炙人口的综艺娱乐节目，在电视台总编室主任的重要岗位上退休。退休后他坚持用镜头记录生活,挖掘埋没的广播电视历史素材和资料,拍摄编辑了大量广播电视艺术家的纪录片和联欢晚会,是非常活跃的电视艺术家。伯苓主席和陈强主任经由《摆渡》这部作品而实现的珠联璧合是非常令人感动的。

现今,广播剧不好写,不好做,不好播出,不好获奖,是个创作上要求极高,但回报上几乎是零的艺术门类。更由于《摆渡》题材本身的特殊性,视觉展现很困难。两位艺术家选择了广播剧这个体裁,既是艺术胆力的体现,更是匠心独运的表达。广播剧诉诸人们的听觉,通过戏剧语言、配乐、音响塑造艺术形象,给受众的美学体验有很宽广的想象空间,艺术创作上的自由度比较大,很适合《摆渡》这类题材作品的改编。我长期从事广播剧的写作和制作,对这个行当有些了解,所以听上去更觉得亲切自然。作为业界人士,再次郑重地祝贺两位艺术家的成功合作。

剧本改编梁文逸老师也是我们广播电台的资深编辑,文字功力深厚。演播团队,天津师范大学音乐与影视学院的老师同学们也跟我们进行过报送全国精神文明建设"五个一工程"广播剧《觉悟》的合作,对他们的演播艺术有一定的了解。这些元素叠加起来,必将呈现给我们一部有着较强思想性和可听性的广播剧作品。

当然,目前听上去,还是有一些可以提高的地方。比如,广播剧,其根本是"剧",戏剧,其呈现的面貌还应该更多的是戏剧面貌,现在的听感更多的是广播小说,戏剧性的转化还有一定的空间。如果用广播化的手段把作品人物进行更加戏剧化的创造,会增加更多的听觉艺术的感染力。

（蔡晓江,天津市文联副主席、天津市电视艺术家协会主席）

红色文化的精彩呈现

张勃

可视广播剧《摆渡》，讲述了一个20世纪40年代发生在天津市宝坻区一个小乡村的感人故事，这故事以箭杆河的摆渡人宝堂姥爷为主线，不显山，不露水，以平铺直叙的口吻，将河边的春色及摆渡人渡人渡己的故事娓娓道来，给人一种渐入佳境之感。随着故事的讲述，宝堂姥爷的人物形象，也在听众脑海中不断地清晰、丰满、鲜活起来。这部可视广播剧的原著，由天津市最早成立的天津人民出版社出版，也是非同一般的。

尤其是通过宝堂姥爷在河中救人、捞人，后又收养落水孩子并安葬了孩子母亲等生动的讲述，使得听众朋友们既津津乐道，又不知不觉了解到了宝堂姥爷与孙子过河的身世、"过河"名字的由来，以及宝堂姥爷、姥姥善良淳朴、慈悲为怀的善举。令人感动！使人不得不油然而生怜悯之心和关爱之情。我以为这正是小说作者讲故事的非凡功力与过人之处，故事的带入感很强，节奏感也把握得非常好，一波未平，一波又起，在听众毫无察觉之时，就将人物及事件的脉络夹杂、揉捏在故事里并进行着有条不紊的叙述，让听众不仅没有冗长拖沓之感，而且还有一种引人入胜之感。

在这一点上我颇有感受。因为我有意把广播剧《摆渡》在一个艺校口才班里试听了一下，我悉心观察同学们的感受，没想到我周围听众们聆听得很关注也很安静，静得我连他们的心跳和呼吸声都能感受到。在他们听完、看完故事以后，都很兴奋地跟我交流，畅谈感受，几乎都谈到了一点，他们被宝堂姥爷与姥姥淳朴善良的情感所打动，被军民鱼水情的奇缘所吸引。

《摆渡》一剧的特点可以归结为一个"情"字。以情为线索，将故事环环相扣，情景交融；节奏有急有缓，妙不可言；手法有明有暗，相得益彰。比如作者不失时机，恰到好处地讲述了，伴随小过河一天天长大的是水色青青的箭杆河，河中不仅有鱼虾、紫蟹、银鱼，而且还有海鸥、野鸭、飞雁，在这美丽的水乡，孕育着万物生态，还有小过河可爱的光屁溜，不能不说这孩子也是水乡里的一道亮丽的风景。过河顽皮地跟着宝堂老姥爷在河里又是抓大鱼，又是用丝兜装黑鱼，因而才有了"黑鱼如龙腾凤舞""左右翻飞成为水上芭蕾""美妙得如哪吒戏龙"的水光十色的灵动场景，我以为这一水光十色的灵动场景的描述，正是作者独具匠心、妙言妙笔的隐喻或暗喻的铺陈伏笔，它象征着鱼离不开水、水也离不开鱼的鱼水深情。正如我军来自人民，是人民的子弟兵，与人民血脉相连，是依靠人民群众的爱戴、支持和拥护，才能真正得到发展壮大。这一象征意味，为《摆渡》一剧的下篇，军民鱼水情深的故事寓意的昭彰和升华做了形象的、深远的、潜移默化的预设与铺垫，使得故事颇有厚度和广度，极具张力。此时，吊足了听众胃口，使得听众、观众迫不及待地、饶有兴致地盼望着把这一广播剧的精彩赶紧聆听完、看个够。

结果作者张伯苓老师不负众望，话锋一转，又是几年过去了，过河都长成了半大小子了，嘴边还长出了稀疏的胡须，村里来征兵，小过河积极报名应征，老两口也很支持，很快获得了批准。临行前，部队首长要来家家访，宝堂姥爷非常高兴，因为在战争年代，在箭杆河两岸，宝堂姥爷与解放军就结下了不解之缘,老爷子不仅冒着枪林弹雨为解放军战士们过河摆渡,而且他还奋不顾身划船营救过解放军的伤员,并帮助解放军伤员躲过了鬼子的追击与搜寻。后来,宝堂姥爷又冒着风险,将解放军伤员藏匿在自己家中,与老伴一起对伤员进行无微不至的救治,直至伤员康复归队。可谁知这位来家访的部队首长,竟然就是当年自己和老伴救治过的那个解放军伤员苏岱,这让宝堂姥爷简直不敢相信。这么多年来,苏岱音讯全无,今天怎么就像天兵天将,忽地一下便站在了自己的跟前?两人见面分外激动,聊天叙旧之中,解放军首长苏岱告诉宝堂姥爷,说他因招兵,专程到宝坻乡村来看望宝堂姥爷和姥姥。他说:我一直都想来看望您们!来感谢您们的救命之恩!解放军首长苏岱的感激之情溢于言表。宝堂姥爷感慨地说道:你打鬼子,流血牺牲都不怕,我们是应当的,应当的。

真是无巧不成书啊!让苏岱和宝堂姥爷更想不到的是,过河竟然是苏岱多年失散的亲儿子,这一情缘和情节的突然揭示,真是让听众有一种斗转星移之感,难怪会让听众惊诧不已!作为听众的我不得不说,这正是作者创作小说的魅力之所在。张伯苓老师的确很善于讲故事,在他的小说故事中,充满了戏剧性,既有生动、风趣、曲折的叙事,又有充满情怀的鲜活人物;既有出人意料的情节,又有情理之中的合理性,还有无巧不成书的不解之缘的妙用,真是让人钦佩又感慨。

《摆渡》故事讲到这,不免会让听众既意犹未尽,又心情难平;既感慨万千,又一股暖流涌上心头,生死相依,患难与共,军民鱼水情的情缘与情怀,真是说也说不完!正如一首歌中所唱:"军队和老百姓,咱们是一家人,哎嗨,咱们是一家人。"因而,我以为《摆渡》故事的意义,不仅仅是让我们听到、看到了一个军民鱼水情的生动故事，而是通过这一生动故事，让我们深深感受到了人民军队爱人民、人民军队人民爱的深情厚谊，同时也让我们更进一步认识到人民离不开军队、军队更离不开人民这种心连心的血肉关系，用现在的话来讲，不是利益攸关方，而是同呼吸、共命运，情深似海、浓似血的命运共同体。

另外，我还想说一下，《摆渡》这部可视广播剧之所以生动、感人而且还特别耐听耐看，富有感染力，我以为这部剧的导演陈强以及他带领的这支创作团队，功不可没！具体表现在导演对广播剧演员在艺术上是有要求的，因为能听得出来，导演对人物声音造型是有设计和追求的。我在聆听《摆渡》故事中感觉到了陈强导演工作的严谨，他一定是做了深入细致的案头工作，因为他不仅让我聆听到了时间、空间和人物关系的具体规定情境，而且还很自然地将听众、观众悄然带入了声音的环境之中，使人身临其境而不觉。比如，流水、鸟鸣及村民们远近不同的混杂声等，都很逼真。再者，导演还非常注重对剧中不同人物性格及声音形象的捕捉，并能在二度创作中"以声造型""以音乐渲染情境，烘托人物情感"，以此来体现剧本主题思想及导演总体构思的显现，将这部红色文化精彩地呈现在人们的面前。

（张勃，中央电视台知名导演，电视星光奖获得者）

宏大主题 风情画卷

宋安娜

由张伯苓的小说《摆渡》改编的可视广播剧，听了非常感动。为摆渡的老人感动，也为作者笔下那些淳朴、正直的箭杆河边的劳动者感动。

我以为,广播剧之所以成功,首先在于它成功地塑造了姥爷这个人物。他是整个剧的灵魂人物,他的身上体现了中国农民的大爱、大义和大智慧。作家通过他的行侠仗义、他的悲悯情怀、他的爱国爱家,以及他在劳动中表现出的对万物生灵的钟爱,艺术地表现了我们民族的优秀品质。这一点,正是广播剧成功的关键所在。

其次,全剧自始至终弥漫着充沛的乡土气息,将箭杆河两岸的人文气质、自然风光表现得淋漓尽致,让人如沐其中,如醉其中,如身临其境,自然而然地进入剧情,自然而然地沉浸于剧中。

再次,剧中的故事情节也引人入胜。小过河的身世之谜,本可以悬念迭起,但作家采用平铺直叙的方法,并不刻意去渲染悬念,并不故意制造离奇,而是像打开一幅风情画,不慌不忙,一帧帧展开来。广播剧的叙事方式延续了小说的艺术特点,在平静而淡泊的生活里开掘深刻主题;在日复一日的摆渡重复的劳作中凸显人民拥军、解放军爱民这个军民鱼水情的宏大主题。

(宋安娜,《天津日报》原文艺部主任,知名作家)

荡起心中的文化自信

张伯苓

刚才几位领导、嘉宾做了热情洋溢的发言,对可视广播剧给予充分的肯定和热情的鼓励,王康总编辑宣布从今天开始,这部可视广播剧在喜马拉雅上线,作为广播剧的原著作者,我很高兴也很激动。

摆渡作为一种交通工具,应该说远古时期就有了,孙尚香、慕容、花木兰都曾做过摆渡人,而且她们更是心灵的摆渡人。我写《摆渡》这篇小说，其实也是想荡起心中的文化传承，坚定文化自信。因为小时候经常坐姥爷的摆渡，耳濡目染摆渡过程中的乡土文化、农耕文化和家国情怀，及摆渡船上留下的抗日战争、解放战争期间军爱民、民拥军的红色文化基因。比如，淮海战役，好多人把它形象地描绘成是老百姓用手推车推出来的胜利。那么姥爷的摆渡，不仅是姥爷的摆渡，放眼我国江河上千万条摆渡船，它们曾经运送过千百万八路军、新四军、人民解放军，在战胜敌人、解放全中国中发挥了重要的作用。这些摆渡人背后形成的不怕牺牲、前赴后继、支援前线、保家卫国的家国情怀，与人民军队融合到一起，形成了浓烈的中国精神和中国力量，这种不畏强敌的精神是任何力量也攻不破的，这也是我写这篇小说的初衷。

感谢天津人民出版社出版了我这部小说集，并把《摆渡》列在其中，而且把这篇小说的名字作为小说集的名字。也很幸运，莫言先生题写了书名，何建明先生作了序，可见这两位中国作家协会副主席对乡土中国、乡土文化的高度重视。如果没有天津人民出版社出版这部小说，就不会有现在的可视广播剧。

非常感谢创造团队，把这篇小说改编创作成可视广播剧，让人们以新的视角来欣赏这个作品。可以这样说，可视广播剧为小说文字做注解，为语言奏音乐，为故事配画面，为人物添精彩，为故乡续文脉。

我非常感谢四家主办、出品单位和监制单位，我非常同意刚才治邦馆长讲的，强强联合，形成一个出口，如果没有这个出口，没有这几家的合作，就不会有现在的可视广播剧《摆渡》，我觉得这四家单位作出了很大的贡献。天津师范大学音影学院的老师、学生、校领导非常重视、安排周密，孩子们做了几次排练、演

练，做了充分的准备，使广播剧一次录成，我对表演系孩子们的播音非常认可，演播非常到位，也很大气，这也说明师大教学有方，师大的风范和教学理念，在播讲中体现得真真切切。宝坻是我的故乡，是宝坻文化孕育出这个作品，今天我们区委宣传部的占岭部长，我们融媒体中心的成林主任，还有我们军人事务局的邳俊生副局长都来了，他们在广播剧的把关及背后的支持等方面，做了很多的事情。现在是时间过半，任务过半、冲击三季度、保证四季度工作的紧要时刻，在这么忙的情况下，天津人民出版社还费心费力主办这个发布会，刘庆社长、王康总编辑亲力亲为，素梅老师前后协调，做了大量的工作。编剧梁文逸老师，前几年就把这个作品改出来了，费了好多心血。尤其要感谢陈强，因为我们4月6日在天津市师范大学音影学院录的音，他是导演，现场指导。把这个音录完以后，从4月6日到现在，里里外外一把手，又是调音又是找音乐、配画面，一帧一帧地调，一帧一帧地剪，一帧一帧地制作，有时候后半夜两三点钟还给我发视频，这个老电视人的文化情怀也深深地感动了我

今天是大暑的第三天，这么热的天，我们这么多领导都来了，我们赵华书记、钟校长来了，他们都在一线，都是一把手，好多事都推了，出席今天的发布会，我们的纪总、翟总、治邦馆长几位都来了，因特殊情况没来了的大胜老师、张勃老师、李英华台长、蔡晓江主席、宋安娜主任都发来视频，给予精道点评。这么多的专家、领导为广播剧把关，也激起了我文学创作的情怀，今

后要进一步深挖乡土题材,为实现中国式现代化,为乡村振兴作出自己力所能及的小贡献,谢谢大家!

(张伯苓,短篇小说《摆渡》作者)

用现代手段呈现传统文学的大胆尝试

钟英华

今天非常高兴参加可视广播剧《摆渡》的首发式,我觉得这是一件非常有意义的事情,刚才各位讲得都很精彩。我觉得小说写得好,可视剧创新价值是非常高的。各位的评价、分析也是非常精彩的。我也是伯苓主席的粉丝之一。《窝头河的春天》的出版座谈会是在师范大学召开的,我也参加了。伯苓主席的很多作品、获奖作品,我虽然没有全看,但是有一些还是认真地读了。

我感觉,伯苓主席的创作风格和选材,与他的人格特征是相一致的,形成了独特的风格,而这种风格恰恰跟我们的传统文化相融合,通过创造性转化、创新式发展,对讲好中国故事,传播好中国经验,发出中国声音,展示真实、立体、全面的中国,可以发挥重要的作用。因为最传统的、最有乡土气的作品,也就是最有魅力、最有传播性和教育性的作品,可视广播剧《摆渡》就是这样的作品。乡土,乡愁,乡情,这个看上去非常真实、非常普通、非常朴素的故事内容却十分深刻。反复聆听后,感觉还是很有厚度的。我觉得有厚度的最重要的原因,就是因为作者本身就生活在这片土地,就是生活在这个乡村。他不是简单地去描写刻画,而是把长期的思想的凝练又还原到乡土故事的情境里体现出来。从这点来看,我觉得是一个非常成功的作品。

祝贺天津人民出版社选择这样一部故事性非常强、思想性非常强、很有教育意义的作品,以这样一种崭新的、带有时代化特征的传播形式,以国内首部可视广播的方式来呈现。

刚才,刘社长介绍了天津人民出版社的发展概况。天津人民出版社是老牌的出版社,但是出版社能够在这个时代,有这么活跃的思维,这么创新的举措,不仅仅是员工的福利待遇提升,更能说明出版社面对新的形势的创新举措、思路,受到了读者的欢迎,同时也收到了成效。祝贺可视广播剧《摆渡》能够在天津人民社出版。

伯苓主席有长期的新闻工作经历,是宣传思想战线的老兵。新闻工作经历的人不一定都具有符合时代要求的新闻能力。习近平总书记强调,宣传思想工作者要不断增强"四力",就是脚力、眼力、脑力、笔力。我觉得将这"四力"与传统文学作品的写作融合起来,正是当今时代最需要的创作者的基本素质。天津师范大学是全国小说排行榜、小说学会的秘书处所在地,也是常务副会长单位。我们每年做全国小说的排名工作。有些小说我看了,从文学作品的角度来看,那绝对是高水平。但是从可接受、青年化、社会化、传播性的角度看,是落后的。有些小说在写作上应该说是精品力作,但是实际上,传播价值极其有限。我觉得天津人民出版社能挖掘出这么好的题材,而且用这种创新的方式去展现,应该说是有胆量、有眼力的。

可视广播剧《摆渡》的制作,天津师范大学参与其中,我觉得天津师范大学应该多参加这样的创作和展现。参加这个创作或者改编的过程,是学生受教育的过程。通过参加这种展现,表演系的学生可以在做中学,在实践中学习怎么去做,怎么实践得更好。没有这样的平台,学生是没法成长的。更何况是红色题材,又是在这么鲜活的生动的故事情节之中去展现,对于学生而言,是不可多得的实践机会,可以从中受益。刚才各位也讲,有的地方还是觉得有点稚嫩,我觉得这是正常的。正是因为他们有点稚嫩,才更接近咱们这个原作的乡土气;正是因为他们有点稚嫩,所以才需要参加这样的活动,在实践中锻炼成长。

可视广播剧《摆渡》在喜马拉雅上线,是一个好的开端。我有一个建议,就是在今天的首发座谈会后,要加大宣传力度。《摆渡》这个作品本身是真实、立体、全面的一个社会缩影,我们要在真实、立体、全面的场景下、范围下广而告之。而广而告之非常重要的方式,就是需要把我们今天这些专家讲的这些事儿,用各种媒介和方式去传播,让更多的人看到这个充满正能量的好作品。

衷心希望这个很好的作品能够一炮打响,为我们下一步在此基础上的进一步提升、完善、丰富,打下坚实的基础。

(钟英华,时任天津师范大学校长、现任世界汉语教学学会会长)

大家携手为天津文学艺术创造美好明天

赵华

很高兴参加今天这个会。昨天发来两集广播剧之后,我就认真地听。今天听了在座的各位专家、学者的精彩的评论,又是一次学习的机会,本人非常受教育,让我对这个作品的理解更加深入了。

作为一个文联的工作者,我觉得对我本人来说,更有一份责任和压力。因为文联的工作就是服务于全市的艺术家,帮助各位艺术家成就自我,推出更多的作品,我觉得我们文联最大的责任就是服务。所以今天能看到有一个新的作品、一个佳作推出来,我作为文联的一个工作人员感到非常的欣慰,非常的高兴,非常的自豪。首先要祝贺天津人民出版社、天津师大、宝坻区委宣传部、宝坻融媒中心、宝坻区退役军人事务局、伯苓主席本人,几方合作推出这个佳作,也是对我们天津文化和文艺工作重要的贡献,感谢你们。就作品本身来说,刚才各位专家评价都非常到位,我本人非常同意,也是很受启发。

特别是刚才有一位老师讲到这个作品的守正创新能力,我觉得这个作品确实是做到了守正创新。因为习近平总书记一直强调在中华文化传承发展上,守正创新是必须的三个重要途径和渠道之一。刚才我们专家讲到这个守正的问题时讲了几个方面,我觉得还有一点更重要,就是坚守住我们中华文化的根脉,坚守住中华文化的主流,这是我们守正的一个最根本的问题。而伯苓主席的这个作品,就是将坚守做到了极致。从《摆渡》这个小说的名字本身,我觉得就深刻体现了中华文化的一个非常重要的方面。从形式上看是一个船的摆渡;实际上是就是老和尚点的这几句话:渡人渡己,善人善举。这是我们中华文化仁、义、理、智、信里面很重要的一个方面,而且从宝堂姥爷身上也充分体现了这五个字。仁,宝堂姥爷是能体现出对别人的这种大爱、善意。无论是对小过河还是对邻里乡亲们,很仁义,包括对这个和尚,对一个人的嘱托。礼,也是这样,体现在对乡亲的爱,对乡亲的一种尊重。智,体现在对二豹、彩霞婚姻问题的处理方式上,当时本来都要离婚了,但是姥爷就说:哎,给他个机会吧。真是体现了中国人的智慧。虽然很朴素,但细细说来,从照顾小过河到对和尚嘱托的这种坚守，一辈子都在做，捕鱼成了闲暇之事，渡人成了主要的职责，而且坚守了一生。所以宝堂姥爷虽然是一个小人物，但我觉得伯苓主席塑造了一个诠释中华民族的非常典型的传统美德集于一身的人物，这样一个典型形象。目前我们对作品的要求就是守正创新，在这个方面，伯苓主席给我们做了一个榜样。当然天津人民出版社也为我们做了个榜样，就是通过可视广播剧这种创新的形式来传播优秀的文学作品。因为我原来在宣传部管文艺处的时候，也一直和电台在做参评"五个一工程奖"的广播剧。但是可视广播剧《摆渡》，把广播剧又提升、创造了一个新的形式，整个作品就是一个色香味俱全的艺术佳作。所谓"色"，是中华民族智慧的底色。不单是我们看到的那个箭杆河边的芦苇这样一个大自然的底色，还有我们中华文化传统的底色；"香"，是中华文明沁人心脾的芳香，是每个人物身上散发出来的我们中华文明传统美德沁人心脾的芳香，非常受感动；"味"，是宝坻地区的乡土韵味，就是箭杆河、潮白河的乡土味。让人听了之后非常受教育。我听到苏岱和小过河相认的时候，我的眼泪没忍住就流下来了。这看上去像是机缘巧合，实际上是宝堂姥爷对小过河十几年培养的一种体现，所以这种巧合也是从偶然变成了必然。读完之后，我觉得虽然故事很朴素，透着荷花味儿，透露着乡土味，但是让我们深刻地也体会到我们中华民族的传统美德，很受教育。

这个作品本身就是非常好的一个作品。伯苓主席和我也是

认识二十多年的老朋友了。刚才翟总回顾了您的辉煌业绩，我是感同身受。那时候咱们一起做了很多事，包括刚才说的评剧比赛，还有后边好多节目，真是历历在目。从伯苓主席身上，我想到了咱们古代文人常追求的一种境界，叫立德、立功、立言。我觉得伯苓主席是真的做到了！在工作的时候勇于创新，做了很多务实的事情，而且都成为天津市文化领域的先进典型。立德，伯苓主席这种朴实的作风是其家风的传承，体现出高尚的品格、人品。立言，在工作之余，尤其是退休之后，一直笔耕不辍，让人非常敬佩，在这里也是向伯苓主席表示敬重。

最后，还是表个态吧。天津市文联是为全市广大文艺工作者服务的，文联就是铺平台，我们最大的愿望，就是希望我们全市的文艺家们从各个方面共同支持和推动天津文化艺术工作的发展。在座各单位都是为天津文化艺术事业做贡献的，让我个人非常的敬佩。只有全社会共同努力，我们天津的文化艺术界才能涌现出更多的人才，涌现出更多的作品。为此，我们天津文联也不遗余力地支持各个方面的工作，回报各个方面对文化艺术工作的支持，更好地为大家服好务。谢谢大家。

（赵华，天津市文联党组书记、常务副主席）

参加发布会全体与会者合影

第二章　高端序说

就像植物一样，从事文学创作也需要雨露的滋润与浇灌，需要前辈老师的扶持与培育，每次谈及自己的文学情节和感受，都会念念不忘曾经帮助过自己的那些人。也确实如此，我能从新闻转身文学创作，不仅有良师益友的扶持，还有那些名声显赫的文学大家、艺术家、全国的名嘴、名人的帮助与鼓励，并与他们建立了深厚的友谊，有的成了无话不说的至交。这些年，先后有五位名家为自己的新书题写书名，还有六位大家亲笔为新书作序言，精心指导鞭策，付出极大的心血，才使我这个文学爱好者有了明确的前进方向，书写故乡，书写人民，书写时代，书写我们的新生活。

我和评书表演艺术家刘兰芳交往很多并结下了深厚友谊，我准备写《马季生前与身后》一书时，她正在中国文联副主席、中国曲艺家协会主席的任上。马季先生是她的良师益友，在得知我的想法后，她鼓励我说：马季先生是名副其实的相声大师，你这个故乡人写马季，写好后我来给你作序。这番话给予我极大动能，包括写作、成书及召开出版座谈会的过程中，兰芳主席给了我很多帮助。如果没有她的鼓励与帮助，可能也不会有这个作品的出版。

白燕升，我在宝坻电视台工作时与之相识，也是在那时与戏结缘。那时宝坻电视台正在主打评剧栏目《开心双休日》，燕升是中央电视台的著名戏曲节目主持人，作为地方台搞起这么大的戏曲栏目，燕升赞赏有加。经过几次接触，我俩之间很谈得来，有一种相见恨晚的感觉。虽然他是央视的当红主持人，但一点儿架子也没有，当我写了一本记录《开心双休日》戏曲栏目的专集《荧屏里的评剧故事》，准备出书时，燕升让我把厚厚的书稿寄过去，他在百忙之中竟写下了洋洋洒洒四千多字的序言——"一碗米的价值有多大"。对宝坻台创办的评剧栏目给予充分肯定与鼓励，以此为例，阐述我国戏曲事业存在着深层次的问题，台上振兴、台下冷清是个普遍问题，提出弘扬中国戏曲事业首先要让年轻人喜欢、有时坚守比创新更重要等振聋发聩的观点。序言落款时间为 2010 年 8 月 28 日。不知这是天意还是燕升有意为之，这个日子正是燕升与其夫人周佳的结婚纪念日，其用意不言而喻。

何建明先生，曾任中国作家出版集团的党委书记、中国作协副主席、矛盾文学院院长，三次鲁迅文学奖获得者，堪称全国报告文学大家。我与何家明先生并不认识，通过与他的秘书联系，将我的首部短篇小说集《摆渡》书稿寄到他的手里。看到写农村、写乡愁题材的文学作品，何建明先生动情了，亲笔作序。这篇序言从弘扬乡土中国的高度，对作品进行点评，说我像我不是我。在序言中他强调，要把乡愁融入作品里，在本土与现代的碰撞中注入新元素，为人民而写，为人民而歌。作为时任中国作协的领导，这是他的一种大局观。何先生在序言中指出："伯苓先生作为退休的地方官员，仍能拿起手中的笔，默默耕耘，不辞劳苦地进行创作，我为他的这种精神感动。"当我看到何建明先生寄回来的序言时，我内心滚烫、受宠若惊，不知如何是好，想亲自到北京道谢,却因多种原因至今都没能成行,遗憾至极。

王振德先生、傲腾先生、李治邦先生就不用说了,都是文学艺术、新闻出版的大家,我们深交多年,情真意切,不分彼此,可谓知音、知己,一切都在不言中。

我将他们写的七篇序言收入书中,与广大读者分享,使广大读者从中了解这些文学作品、新闻作品真正的内涵,悟出一些道理,特别是加深对美丽家乡宝坻的认识,并由此产生对故乡宝坻的亲近与热爱,那是我最最高兴的事情。

一、乡贤著书念大师
——《马季生前与身后》序

刘兰芳

我和伯苓同志在宝坻区政协组织的一次活动中相识,相识年头虽然不长,但却结下了深厚的友谊。他办事认真执着,为人实在真诚,在政协也负责文史工作,因此平时我们接触多了,就成为好朋友,常来常往。我的从艺五十年纪念活动,还专门邀他参加。

通过交往,我了解到他对宝坻的文史工作非常用心,对宝坻的文化名人也很关注。他早就说过,想从故乡这个角度给马季先生写一本书,我是非常支持的。我说:"你写吧,需要我干什么就来找我。"在这之前,我们还在宝坻为纪念马先生搞了一次演出,他的处女作

《马季生前与身后》完稿后，来北京找我征求意见，并请我为本书作序，我非常高兴，因为由他执笔写马季我是有言在先要大力支持的。同时，我和马先生有深厚的感情，他是我尊敬的良师益友，伟大的艺术家，我们曲艺界的顶尖人物，相声界的大师。他为人正直，敢说真话，名利地位无一所求，这一辈子就是为相声来的。这样一位伟大的艺术家出在宝坻，为他著书立说，这是一件大好事，也是宝坻的重要文化遗产，怎么做都不为过，我答应在前边说几句话，表达我的一些心意。

这本书我是认真地阅读了，总体印象不错，很有特点。这本书语言比较朴实，作者非常巧妙地将采访笔录原汁原味地用第一人称呈现，使人看了如同身临其境，感觉非常真实。本书的立意也挺好。写马季的生前，从马家历史渊源的脉络切入，不仅详细描写马家的历史，而且浓墨重彩叙述马季先生两次回家乡、老家人与他的深厚情谊，使其与故乡融为一体，特别是采访了马家那么多老人，通过对亲闻亲历的口述，真真切切还原了历史、追溯了历史，托起马季先生成长的厚重文化背景。这是独特的资源，宝坻的东西，让人看后耳目一新。而马季的身后，又着重从继承的角度去连接具体的人物和事件，意义深远。笑在家乡、马东寻根、徒弟眼中的师傅、创建马季艺术研究会等章节，都从不同的角度介绍马季的人品、风格、创作、艺术，这是很有新意的。尤其是他的几位弟子，从灵魂深处讲马季，从灵魂深处讲继承，怀念之情溢于言表，有感而发落地有声，"我们要沿着师父开辟的道路走下去，完成他未竟的事业，多写新段子，多创新节目，多演新相声，把笑声送给观众！"

出书就是为了更好地传承历史，丰富我们的民族文化，满足读者的需要，我作为曲艺战线的一名老兵，在继承传统民族曲艺文化上有义不容辞的责任。看了《马季生前与身后》我很高兴，这本书在这个方面起到了填补空白的作用，它是一本好书，一本新书，如今又再版，融进许多鲜为人知的故事，希望大家都抽出点空儿，来看看这本书。

刘兰芳

2010年12月20日

（刘兰芳，全国政协委员、中国文联原副主席、中国曲艺家协会原主席、著名评书表演艺术家）

二、一碗米的价值有多大
——《银屏里的评剧故事》序

白燕升

认识伯苓兄快十年了。

近十年间，见面的次数也不过十次。唯一的一次合作是几年前，宝坻电视台建台十周年晚会《相约荧屏》在天津电视台演播大厅举行，受伯苓兄之约我担纲主持。

让我们一直维系的重要纽带就是戏，他也爱戏，尤爱评剧。

这本书是以纪实回忆方式，讲述了宝坻电视台《开心双休日》评剧栏目创办、发展的艰难历程以及栏目所产生的影响、故事和感悟。

《开心双休日》评剧栏目，从2001年的7月1日开播到现在已经九年多，进入第十个年头了，播出节目二百一十多期，参加节目打擂的戏迷近两千人，产生擂主一百多名，带起了周边地区的小剧团、小戏班二百多个，培养的新戏迷年轻戏迷不计其数，另外，还带起周边十几个区县的"评剧热"。2007年，为了满足观众走进电视的需要，又组织了"评剧基层大海选"。栏目每次播出，都有几百万人次观看，有的区县观众为了看评剧，要求网络公司收进《开心双休日》节目，有的拔掉有线，自己架天线也要看，形成了重要的电视文化现象，对2006年宝坻评剧申报国家非物质文化遗产起到了重要作用。

在这样一个信息时代，在这样一个文化多元的社会，在各类奇谈怪论满天飞的浮躁中，我看到了伯苓兄的一种胸怀和气度，也感受到了他对传统艺术的一种尊重！

有时候，坚守比创新更难！

很显然，今天的戏曲不是强势文化，"造星""造势"很难，但传统是文化的根脉。在各种艺术形式中，芭蕾是人家的，交响乐是人家的，严格地说，话剧也是。戏曲是我们的本土传统艺术，是纯粹的国货，我们有理由了解喜爱它。退一步说，即使你不喜欢，也应从心里尊重它，因为它太中国了！

不时看到在一些大型综艺晚会上，一些主持人介绍戏曲艺术和戏曲演员出场时，不是寡言少语不屑一顾的神态，就是空洞无物地随意应付一下。但在介绍一些当下红火的流行艺人时，神采飞扬、气势恢宏,恨不得把嗓子喊破。看得出,在处理和对待自己的传统文化和戏曲艺术上,我们的力度与尊重远远不够。主持人的这种体态语式,是一种明显的误导。

我绝非王婆,恰恰相反,对戏曲的目前处境和发展现状,我并不是乐观派。我还算保持着一份清醒和思考:当代戏曲面临中国戏曲史上从未有过的奇特处境——台上振兴、台下冷清!

毋庸讳言,就是梅兰芳大师活在今天,也不可能像当年那么红火。的确,与戏曲几乎是"唯一"的娱乐活动的年代相比,如今文化娱乐活动丰富得令人应接不暇,戏曲当年的"一枝独秀"自然也不可能出现在今天。

当然,"台上振兴、台下冷清"的根本原因恐怕在于当代人生活方式、文娱方式的巨大变化。其实不光是戏曲,凡是带着"中"字的都逃脱不了在欧风美雨大肆侵袭中被边缘化的命运。

究其原因,一半"天灾"一半"人祸"。"天灾"是说客观环境,五四以来,中国人接受了太多的西洋文化,比如西洋音乐、西洋戏剧、西洋舞蹈、西洋绘画,甚至西方节日都成为我们生活中不可或缺的享受。反观近代中国文化对西方的影响,几乎等于零。现在的年轻人更喜欢听西方音乐而不是中国古典音乐,更喜欢读朦胧诗而不是中国古典诗词。许多年轻人对传统戏曲不是敬而远之就是不屑一顾,看不懂中国山水画和中国书法,也就只能去接受"流行文化""通俗唱法"了。"人祸"是指戏曲人自己的作品缺乏感染当代人的力量,即戏曲人的不作为,或者胡作为。当然也包括从事电视戏曲的我们。

实话说,我觉得这种局面也属正常。拿京剧为例,20世纪二三十年代"京城到处店主东"的局面不可能再现,那时文化样式单一;20纪六七十年代,八亿人学唱样板戏,本身就不正常,靠的

110

是行政命令；今天，文化多元审美多元，这本身也是一种进步的表现。

整体看来，特别是对戏曲自身规律的认识，剧本写作技巧的掌握，语言辞采的老到娴熟等，我们跟古人还有相当大的距离，也许永远赶不上，就像魏晋书法、唐宋诗词我们永远无法企及一样。

唐诗衰败时，当时的人一定也经历过类似我们现在的心态。但是紧接着宋词崛起了，宋词的崛起并非唐诗简单的重复。而我们常犯的错误是：在宋代喊叫振兴唐诗。

我一直认为：凡是津津乐道于让内行看的文学艺术门类都将走向灭亡，凡是着眼于让外行看的，能让外行感兴趣的艺术门类一定翻身。历史上京剧、地方戏、小说、诗歌繁盛的时节，都是因为外行人对它感兴趣。现在光盯着专家、内行、戏迷、票友，仅满足他们的需要是一种慢性的安乐死。对某些剧种来说，这样的迎合，可能都凑不齐满满当当的一场观众，这就是现实。

我们的电视戏曲要想保护好"已有水土"——专家、票友、戏迷，既要深入了解他们的现时愿望，更要挖掘他们的潜在需求。我常开玩笑说：有很多老人不光喜欢戏，同样喜欢"超女""好男儿"。所以我们不能想当然地故步自封，画地为牢。同时，更要致力于让外行观众介入，尤其是青年人，这样观众少的局面就会在不知不觉中得到改善。

让年轻人走近戏曲，很重要的一点，传播方式要有时代感时尚味儿，要以年轻人的视角和体验来诠释和演绎戏曲艺术。传统的内核精髓不变，但现代的包装营销要紧跟，先把目光吸引过来。否则，陈旧的舞台，暗淡的灯光，拖沓的节奏，程式的表演，很难赢得青睐。就像常年挂着中老年人服装的商店，很难让年轻人进入一样。

改革创新永远是对的！什么时候让年轻人觉得他们需要戏曲的滋润营养，戏曲也就有了明天。

除了工作，其实人生有很多的无奈和烦恼，有些根本就不是我们解决得了的，所以拿住自己，活好当下最重要。与此同时，选择一份自己相信的事情，一份自己热爱的事情去做，做一些对别人好、对自己也好的事情。

我相信，天道酬勤。我觉得，可能在某个阶段，我们会非常在意周围人的认同和评价，但在漫长的生活中，每个人其实都是为自己在做。

由伯苓兄创意的《开心双休日》这个评剧栏目，是在弘扬评剧艺术，活跃群众文化生活，其实也是他的爱好和智趣所在。《开心双休日》不仅衍生了主打歌曲的栏目《文化大院》，还带起了大活动、大节目。目前宝坻电视台组织的十八场活动，有八场上了央视，十四场上了天视，宣传了宝坻，提升了本台形象，并形成了"一个大哥大（重大节日搞大活动）两个姊妹篇（《开心双休日》打戏，《文化大院》打歌）"的电视文化格局，有力地推进了先进文化和精神文明建设。

九年多来，栏目不断发展壮大，受到了越来越多的关注。在2004年《开心双休日》栏目研讨会上，来自全国的四十多名电视界、戏剧界、新闻界的专家学者给予高度评价，称为"小台办了个大栏目、好栏目和重要的文化品牌"。2008年，该栏目还被收入《中国广电蓝皮书》。

令人高兴的是，《开心双休日》栏目已经成为戏迷生活中的不可或缺，成为推动民族艺术的文化平台，成为广电人锻炼成长的重要基地，当初连掌声都不知怎么录的电视人，现在能够独立录制节目，输送给天津电视台和中央电视台，培养出了自己的策划、导演、摄像、灯光音响、主持人……

这本书是伯苓兄怀着对观众、对栏目组同仁的深厚感情写成的。字里行间渗透着一种感悟，一种感动。伯苓兄作为栏目的创办者、亲历者、推动者，与栏目荣辱与共，能走到今天，凝聚了他、栏目组和全局干部职工的汗水以及广大观众的呵护厚爱。前进道路上无论遇到什么困难，他们仍然坚守，为了观众，为了心中的艺术理想。

实话说，宝坻电视台平台有限，但伯苓兄非常看好它，并且把它的潜力挖掘到最大化，这是难能可贵的。有这样一位敢于担当责任、荣辱与共的领头羊，是事业成功的重要因素。因为一个团队的高度取决于主要领导的思想高度。伯苓兄2007年1月当选宝坻区政协副主席，兼任宝坻广电局党组书记，直到2009年8月不兼书记，才真正离开广电岗位，但仍然关心着电视评剧事业。

《银屏里的评剧故事》一书出版，值得敬佩值得祝贺。

禅宗有个故事，我非常喜欢并认同，也愿与伯苓兄共勉：弟子问师父，一碗米的价值有多大？师父说，要看它在谁的手里。一个农夫加点水，蒸出来，只是一碗饭；一个贤人，多加些水，熬出一锅粥，就能几人分享；一个小商人，把它泡泡发发，做三五个粽子卖掉也有可能；一位大企业家，把它加点酒精，变成酒卖掉，价值更大。

2010年8月28日 北京

（白燕升，中央电视台原著名节目主持人、全国金话筒奖获得者，被称为中国戏曲主持第一人）

三、潮河浪花涌　"三辣"尽飘香
——《张伯苓新闻通讯集》序

傲腾

《张伯苓新闻通讯集》出版了，我很高兴。我和伯苓同志认识多年，我认识他时，他是区县做新闻宣传工作的领导者，不仅自己写，也带领下属写，我们也一起愉快地共事了十多年。他在这行里干得欢快，干得出色，写出了大量有"乡土"气息的新闻报道，在行内被称为"高产作者"，被许多媒体评为优秀通讯员，在我们《人民日报》也小有名气，刊登了他的大量报道。翻阅着他厚厚的新闻作品集，犹如又见潮白河浪花，又闻宝坻"三辣"的飘香。

据不完全统计，目前我国有区县级基层新闻工作者三万余人，这是一支庞大的队伍，在这样的一支队伍中如何脱颖而出，我认为伯苓身上有许多可借鉴之处的。首先伯苓同志非常勤奋。做通讯报道工作，尤其是区县级的新闻报道员，勤奋是他成功的第一要素，而且是全方位的"勤"，必须坚持勤动脑、勤动腿、勤动手，只有做到"三勤"才能眼观六路、耳听八方，把每时每刻发生的新闻事件见诸媒体，传递信息。伯苓同志从事新闻工作几十年，勤奋的天性一直不变，不论刮风下雨、酷暑寒冬，一直坚持往基层跑，到群众中采访，哪里出现新闻哪里就有他的影子。他自加压力，不停地给自己上弦，就是当上了县委宣传部副部长后,也没有放下手中的笔。有人把他称为"新闻狂""工作狂",是恰当的。他曾经和我讲过,他下乡七天,往《天津日报》发过七篇报道,创造了一天刊发一篇的记录,这是非常难能可贵的。可以说,通讯集收集的三百多篇作品,无不凝聚着他辛勤的汗水。

新闻工作不是"扛大个儿"的体力活儿,是具有独特才华的脑力劳动。新闻工作者的综合素质就是"新闻眼"。伯芩同志很会抓活鱼,写新闻,这来源于他对党的政策、当地中心工作的把握和对基层民情的深入了解和分析,"吃透两头"是他做新闻工作挂在嘴边上的一句口头禅,因而他写新闻点子多,角度刁,写出的东西令人耳目一新。我看过他在《人民日报》发表过的几篇稿子,很有分量,如《种菜的想着吃菜的,宝坻菜篮子工程坚持一个原则》《宝坻农民就业门路宽——去年人均纯收入增加200元70%来自非农产业》《老乡和老外》等报道都发在《人民日报》的重要版面,并配发了评论、编者按,评为好题目、好稿件。在他的通讯集收录的三百多篇作品中,刊发在报纸头版头条的新闻占了较大比重,最多的一年,在《天津日报》刊发头版头条五篇,《天津农民报》头版头条十篇,是非常不容易的。头版头条是压阵脚的,是一期报纸的灵魂,角度不新,分量不足,指导性不强是绝对上不去的。因而有人还给他送了个"张头条"的绰号。

在基层搞新闻,光会写消息不行,必须学会新闻的"十八般武艺"。伯芩同志在新闻写作上是个全面手,他不仅写消息而且涉猎多种文体。我认真阅读了他的新闻通讯集,除了消息外,还有通讯、新闻特写、报告文学、调查、访谈、理论文章一百余篇,从另一个侧面反映了他的写作能力和敬业精神。文体就是新闻宣传的工具,掌握的文体越多,从事新闻报道才能得心应手,放大它的影响力,从深层次、宽领域、大部头宣传当地的经济社会发展和民计民生,起到了新闻消息不可替代的作用。他写的《相声大师马季的宝坻情》《相识刘兰芳》的通讯,以第一人称,详细记录了作者与两位名家交往的感人故事,感情真诚,语言朴实,情节细腻,读了以后让人产生共鸣,不仅了解了名家鲜为人知的故事,做人从艺的品行,更重要的是作者想通过这样的视觉,让读者了解名家与宝坻的情缘,从而更好地宣传宝坻。他的新闻特写《葱乡见闻》,活灵活现地反映大葱丰收后葱农的喜悦心情,作者深入农户当中,现场采访葱农的心态,看到了农民对致富增收的强烈愿望。

《张伯苓新闻通讯集》出版发行,对于丰富新闻宣传业务知识,积累新闻宣传经验,回顾历史,总结历史,具有积极意义。希望大家读读这本书。

2010年5月26日

(傲腾,《人民日报》首席记者,人民日报社天津分社原社长)

四、即事抒情尽华章

——《潮河心曲》序

王振德

八年前,宝坻区政协领导聘我参与《天津宝坻书画集》编撰工作,使我与家乡领导及负责文化工作的朋友们加强了联系,彼此友谊岁久弥深。之后,我与现任宝坻政协副主席张伯苓也有许多联系,加上毕业于我们天津美术学院的书画家孟庆占学弟的帮助,我与伯苓逐渐成为诗书同道和无话不谈的桑梓挚友。

伯苓出身农家,为人正直、朴实,助人为乐,侠肝义胆,对国家公务认真负责。高中毕业后,务过农,打过工,在基层当过文书、财政税务干部,后被选拔到县委,长期从事新闻宣传工作,担任过县委宣传部常务副部长、区广播电视局局长和区政协副主席等职务。他自幼好学不倦且勤于思考,其诗文才华实出于工作的历练和朋友们的激励。为了搞好家乡新闻媒体工作,他四处取经、八方学习,坚持学习各地优秀的报道文章,虚心向专家前辈请教,善于和同行朋友相互帮扶,长期深入基层体验生活,勤于参与各种调研式的采风活动。在了解、研究、总结并弘扬家乡优秀的传统文化方面,尤其下足功夫、不辞劳苦。现已发表在《人民日报》、中央人民广播电台、新华社和《天津日报》等重要媒体上的诗文或报道达三百余篇,结集出版后,受到了社会各界人士的好评。特别是他于2011年在新世界出版社印行的《马季生前与身后》一书,在北京举办首发式,引起文艺界关注,获得了刘兰芳、姜昆、冯巩、黄宏等曲艺名流的高度赞誉,在中国当代曲艺大师研究领域内填补了一项空白。他组织创作了宝坻首部广播剧《箭杆河畔的年轻人》,其《账房鄿人的答卷》专题片获得国家级政府奖。在天津市广播电视年度作品评比中,其组织创作的广播电视作品连续六年荣获第一名。同时,他参与组织策划了十八场大型综艺性活动在中央电视台与天津电视台播出后,好评如潮,出乎预料。可见其工作热情之高与创作思维之活跃。

伯苓的诗歌创作朴实真挚,充满生活体验和生命感悟,具有浓厚的泥土芬芳和个性特征,毫无矫揉造作之处和故作高深之弊。收录于本书的百余篇诗作,为首次公开发表,可视为其生命历程的艺术写照和心灵深处的天籁之音。就其题材内容而言,大致可分为七类。

第一类是童年忆念诗,如描述家乡景象的《上学的小路》《家乡那条河》等;叙述童年亲情的《姥姥家的摆渡》《老姨家的红枣树》等;畅写孩时趣事的《弹球》《打箭杆》《打冰嘎》《摔凹盆儿》《摸鱼》《搬网》《倒螃蟹篓》等,皆意趣横生,引人动容。

第二类是务农打工诗,皆写得内容充实,形象具体,有动人的画面和精彩的亮点。如《割草》《赶暴》等诗使读者如身临其境,历历在目。《务农感怀》等诗如作者倾心诉说,推心置腹。《骑车县城去上班》《忆电杆厂工作的时光》等诗使读者感同身受,念念难忘。

第三类是媒体宣传诗,如《黄骅圣火》《常熟领奖》《一路高歌》《我爱"开心双休日"》等诗歌,大多采用边叙边议边抒写情感的方式,表现了作者及其同道们在传媒工作中的高度热情、新颖创意和辉煌成果,令人读后激情澎湃、热血沸腾、深受启发、跃跃欲试。

第四类是亲情友情诗,如《家里的责任田》《赞孙女》《赞外孙》《忆党校青干班》《老戚给我做按摩》《悼念东明》《把朋友放心上》等,均以深情的笔触、独特的视角和精彩的片段将亲人挚友的音容笑貌展现于世,让读者在字里行间体悟人间真情和情谊温暖,从而加深对中华亲情文化和世事人情的珍惜及把握,更好地解读并重视至亲大爱和挚友之谊。

第五类是观景览物诗,如《观潮白河》《欢喜庄胜景》《小辛码头印象》《窗前白蜡树》《荷花鱼恋》《蜻蜓》《蝴蝶》《清晨雪景》《游灵渠》《游漓江》《观卫星发射有感》等,皆有景有物,览物兴怀,观景抒情,情理通达,即事成章,多方面体现出作者热爱祖国河山、热爱家乡水土、热爱生活与工作的炽热情怀与开阔胸襟。

第六类是读书议事诗,如《读"宝坻将军录"》《我的新闻通讯集》《〈马季生前与身后〉首发式有感》《机关小菜园》等,皆由近及远,由浅入深,将自己的情意与高远志向寓于夹叙夹议之中,将睿智的感悟与诗情画意融汇于一体,使此类诗作颇富哲理意味。

第七类是感悟人生诗,如《感悟总结》《感悟汇报》《感悟宣传工作》《感悟广电工作》《想到才能做到》等,皆是具有总结经验意味的切身感受,其中不乏规律性的把握,也带有传授工作智慧的成分,是诗歌创作中逻辑思维与形象思维相互结合的尝试。读者可以从中了解区局领导日常工作的心境和方式,并获得多方面的启迪。

总之,张伯苓的诗歌从自己的亲身经历和实际感受出发,联系长年体验,以诗歌方式,或叙事兴怀,倾诉生活况味,彰显盛世景象,从而弘扬了主旋律,传递了时代正能量,展示出自己修身齐家、艰苦创业的人生历程和正直高尚的人格魅力,使读者读其诗如见其人,如亲其亲,如友其友,如爱其爱,共同领略其精神境界的美妙风光。

张伯苓的散文可作为其诗歌境界的注解与扩充,因为有些文章内容与相关的诗作取自同一题材,没有取材同一内容的诗文,也出自相同的感悟,如果将其散文与诗歌对照解读,更有深长的意味和更为透彻的理解。此次收入书中的十篇散文大致可以分为四类。其中记述亲情的有两篇,即《怀念母亲》和《有了"孙辈"的快乐》;记述艺术家或专家学者的有七篇,即《扶风春境写丰碑——〈马季生前与身后〉首发式暨出版座谈会》《相识刘兰芳》《姜昆让我三次感动》《我眼中的白燕升》《走进新闻大家邵华泽》，形象生动地讲述了作家亲近过的相声大师马季、评书名家刘兰芳、相声名家姜昆、央视戏曲节目主持人白燕升、新闻大家邵华泽的颇具传奇色彩的故事。第三类是记述作者自己工作中一段难忘的经历，即《温总理的批示》中彰显的党的群众路线教育的传承精神。第四类是属于游记性质的文章《驱车走西北》，记述宝坻七人考察团从家乡出发，驱车万里十三天，途经燕山、太行山、祁连山及宁夏、甘肃、新疆等省市的所见所感和奇观胜迹，使读者如随其行，如感所感，是对中华江山与深厚文化的礼赞。其每篇散文都有现实的经历，真实的人物，实际的情节和实在的场景，从"实"的角度上升到理性感悟的高度，从"小处"升华为"大的境界"，从地域现象提高到时代精神，做到了形散而神不散，量小而质不低。其字里行间是事，亦是情；是人物，亦是道理。形神兼备，虚实结合，情景交融，见微知著，娓娓道来，引人入胜，引人共鸣，也引人思考。不言而喻，这些散文不仅是作者本人心路历程的记录，而且是天津宝坻发展中的乡邦文献，其长远意义不可低估。

记得清初宝坻籍的卓越诗人王炜《论诗质言示薇孙》诗中有云："天机忽动撼真意，自是千秋绝妙词。"借来评价张伯苓的诗文作品，也是极为合适的。

癸巳年秋月于天津美术学院积学轩

（王振德，中国国学研究会名誉会长、中国艺术研究院博硕班导师、著名美术评论家）

五、为人民而写　为人民而歌
——短篇小说集《摆渡》序

何建明

中国的城市化进程如今正在逐步加快,越来越多的人聚集到城市里生活,这是世界文明进程中的一个显著现象。反观文学创作,虽然深受现实各种因素的影响与限制,人们对中国广大乡村的关注却始终不曾改变。鲁迅、沈从文、赵树理、孙犁、高晓声、陈忠实、莫言等,以乡村为书写对象的乡土文学成为中国文学一以贯之的主流之一。当代文学名家们仍在不停地"耕作"自己熟悉的故土,这是因为他们都曾亲身经历过农村的生活,对曾经生长的农村怀有浓厚的感情。然而现在的创作环境是,大多数作家禁锢于钢筋混凝土的楼房,他们已经不能够抽离于现代商业社会中间,或是体验生活,或合理想象,他们试图在本土与现代的冲突与碰撞中融入新的元素,不断求生存、求发展、求创新。也有一些人,他们出身农民家庭,多是因为怀旧,农事生活和童年、少年乐趣油然而生,拿起了笔,以文字记录下不可抹去的乡愁,虽未一生从事文学,却也为新时期乡土小说增资添彩不少。张伯苓先生长期从事新闻宣传和广播电视文化工作,写过许多通讯、报告文学、散文等,这次又出了这本短篇小说集,也算是当代文学大军中的一员。

读伯苓先生这本20万字的短篇小说集,从中可以看出他心

中的乡愁、对故土的眷恋、对家乡的情怀,融合着他深深的乡村记忆,从不同角度,反映着浓郁的乡土情节。书中有描写作者童年记忆的亲情友情,如《磨眼儿》《火盆儿》《摆渡》,以深情的笔墨,将亲人挚友的音容相貌展现于世;有极力展现乡村小人物形象与命运的描写,如《杠头田老三》《"大了"邱四方》《砸喜》《土秀才》《知情小马》等;有描写乡村里留下的工匠作坊产业的,如《铁匠老党》《豆腐坊里的故事》《李老头的木匠铺》《锔锅》《磨剪子锇菜刀》《蒜爷》等,形象具体,写得原汁原味;还有一些描写其工作和生活趣事的,如《羊爷逮鱼记》《评分儿》等。在这些浓浓的乡愁味十足的文章背后,重点揭示着深深的村落文化与民族文化,也透露出村落的人情世故与个人情感。从《土秀才》到《蒜爷》,从《杠头田老三》到《"大了"邱四方》,看到的是非物质文化遗产的薪火相传,而《蒜爷》中,通过种蒜人与小勤城乡差异的恋爱线索,描写了当宝坻当地大蒜再次打响京城时,六十年前因"六瓣红"而相爱的昔日情侣再次相见的情景,意味深长。

作品努力呈现乡村诸人诸事的精气神,并试图站在农民的立场上去写作,这种写作态度值得肯定。如今的乡土小说不好写,难就难在大部分写作的人都已经远离故土,虽然少时生活在农村,但因各种机缘离开了家乡,身在城市而言他,虽然也写乡村,但是思维方式已经城市化了。再就是经过改革开放,农村也在发生巨变,现在的农村逐步走向现代化和城市化,很多事都消失殆尽而只存在于故事里。很多人写小说都在追忆、怀旧或用过去的农村写现在,写作内容程式化,而在弘扬新时代农村方面没有突破。所以能够挖掘出乡土中国的传统文化,既有乡村风俗、乡音乡韵,又能够自觉地站在农民的立场上,写他们的生存、生活以及发生在他们身上的山乡之变,把握住农村当下的现实性,才能使乡土中国的形象呈现出多样多彩的光彩,使乡土小说呈现出多元的艺术特色。中国的农耕文明的文学抒写,会一代接一代延续下去,而遇到的挑战则越来越多。

伯苓先生作为退休的地方官员,仍能拿起手中的笔,默默耕耘,不辞劳苦地进行创作,我为他的这种精神而感动。这本小说集,是他小说作品的开斧之作,从乡土角度,瞄准小人物,真正在为人民而写,为人民而歌,写出这样的作品难能可贵,小说的背后一定倾注了很多的心血,这也一定是他文化积淀和丰富生活阅历的体现。我对此次小说集的出版表示祝贺,也希望他在文学道路上,越走越远,写出更多的为读者所期待的好作品!

2016年10月6日

（何建明,时任中国作家协会副主席,曾三次获得鲁迅文学奖）

六、推心置腹话平生
——《窝头河的春天》序

王振德

辛丑新春,乡友张伯苓将其五十三篇散文合为一集拿给我看,希望我提些意见并作指导,这实际给了我一个学习机会。回想我与伯苓十多年的友好来往,八年前曾为其诗文集《潮河心曲》写过序言,应该说对他有一定的了解。但通读过他的散文集之后,对其人其文的认识更趋具体和深入了,对先贤"文如其人""人如其文"的理论也更为信服。

逐篇展读,伯苓的每篇散文都是他亲身经历、亲身体验、亲

123

身感悟,都是他刻骨铭心的过往和念兹在兹的生活境相,都是他心路历程的构件和要素,使我感到他满腔热诚地推心置腹地倾诉平生。他的每篇散文都采用了第一人称的写法,通过边叙边议的方式,将富于意念的生活情景或工作场面展现给读者,恰如其分地深入到重要的细节描写与人物刻画,或写意式画龙点睛,或工笔式适度渲染,令人物形象跃然纸上,使历经工作岁月留痕。其语言如行云流水,朴实生动,自然而然。每篇文章脉络连贯,条理清楚,情景相融,在行文走笔间,不时提炼出深邃的感悟,或总结出哲理情思。总之,思想倾向的鲜明性、奋发有为的坚定性、事件人物的真实性和运用语句的感情性,形成了张伯苓散文的重要特征。

张伯苓的五十三篇散文分为六个系列。第一个系列为亲情系列。其中《怀念母亲》《母亲的打卤面》《灯窑儿》是作者深情眷恋母亲的文字。母亲照料全家老小,克勤克俭,白天耕种劳作,夜晚缝衣纳鞋。她一个夜晚,从纳鞋底、做鞋帮、钉鞋眼,能做成一双。一个冬天靠夜晚时间,在昏暗煤油灯下能织成三十片苇席,其勤劳灵巧不言而喻。她正直善良,"为人处世要先想着别人"是她做人处事的准则,常常主动帮助亲朋或邻里。对子孙百般疼爱的同时,更关心子女的品德和工作进步,在是非进退上从不含糊。她自己总是省吃俭用,专干苦活累活,有了风险主动承担,经得住各种艰难困苦,其平凡中的伟大,其宽广温暖的胸怀,像她做的打卤面一样味道悠长、耐人寻味。作者对母亲一生的讲述和许多细节描绘,令人读后难忘,使读者会情不自禁地联想到自己的母亲,从而产生长久的心灵共鸣。母亲的勤奋、自强、正直、善良、坚毅、刻苦等美德,是中华母亲的典型和代表,她赋予作者的生命基因和无所不在的品格熏陶,是铸就伯苓才情器识的先天条件。《老姨家的红枣树》深情讲述,大姐对自己的呵护。老姨和大姐对作者的疼爱情景令人动容,其质朴、平实的亲情温暖人心。《第一次坐火车》是亲情、更是童年的一段佳话。《退休感言》是他退休时,对工作单位的无限情怀和过好快乐晚年生活的真实流露。《四十五年又相聚》讲述高中同学们久别重逢的幸福时刻。《有了"孙辈"的快乐》通过"孙辈"可爱与"童趣"联想,尽情抒写出花甲之年退休后享受到的天伦乐事。统观全集,亲情系列散文置于篇首,表明作者认为寸草春晖的忠孝美德是为人处事的根本,也是全部散文主题灵魂的基石所在。

张伯苓散文的第二个系列是乡情系列。伯苓从出生、上学、工作到退休,一直没离开家乡宝坻,他对宝坻的乡亲、各届领导同事及乡土风俗故事都无比热爱。宝坻的一草一木及今昔变化,从他笔下都充满了诗情画意。《窝头河的春天》《柳蒿芽的味道》《又见白头鹎》《乡村路上满春意》《芦花》《蛙声》《雨声》《蝉声》等文章,将读者带入宝坻绿色田野,从昔日坑洼不平的泥泞土路到宝坻今朝春花烂漫的窝头河公园,看到政协庭院桃树枝上的白头鹎,听到护卫麦田麦地的阵阵蛙声、芦苇荡里柳蒿芽的飘香,如此等等,都在其文章中表现得淋漓尽致。为了扩充眼界和工作考察,伯苓经常外出参加会议或各种活动,足迹达于海内外,《天池石缘》是其积游散文的代表性作品。讴歌祖国的大好河山及灿烂文化,是他乡土情愫的必然扩展,是他家国情怀的生动体现,也是他生命历程中胸襟格局不断开拓的具体写照。

《周家大院》是他倾心挖掘家乡老宅历史和本村列入全国传统文化村落名录的喜悦。最后以《宝坻知县"洪肇楙"》作结,可能因为清朝乾隆年间宝坻知县洪肇楙呕心沥血编撰十八卷《宝坻县志》的缘故吧？也可能为今人树立一位倾心弘扬人文宝坻的杰出典范，抑或是激励今人传承先贤重史修志的优良传统。的确，这部《宝坻县志》有"艺文"二卷，收集文章一百零八篇，诗词一百零三首，列举明清两代文人有杨愫、苑因、苑瀛佩、张嘉生、单者昌、刘继宁、崔周田、高元恺、王师旦、马侗、王瑛、芮嘉珍、王采、杨允盛等，可见宝坻自古文风鼎盛。面对如此丰厚的诗文遗存，伯苓当今创作的散文正是对流传有序的宝坻文脉的一种传承和发扬。

在此系列中，作者将故乡情与爱国情合在一起，可知伯苓爱乡爱国之情何等深沉厚重。

伯苓散文的第三个系列是使命担当系列，即他在履行宝坻县委宣传部、广播电视局及区政协副主席等岗位使命和职责的记实文章系列。《我的老师，我的贵人》是讲宝坻工业局办公室袁士云、县委宣传部陈树骧、孙仪培养、指导他写材料、写新闻文稿的故事，形象展示区县领导栽培文化宣传新秀的良苦用心和循循善诱的过程，揭示出作者从农村知识青年、农民工成长为党的宣传干部直至新闻专家、文学作家的奥秘，证明了使命育人、组织育人的客观规律。也描述了作者奋发努力、拜师好学、与时俱进的心路历程，许多奋斗情景令读者感慨万千、赫然在目。《我是本报通讯员》叙述他从1983年调到县委宣传部负责新闻报道工作后，在《天津日报》社李士亮、韩国珍、王宏、宋曙光等资深编辑指导下，以惊人悟性和过人勤奋学会写消息、通讯、报告文学、小说、散文、评论等报纸所需的十八般武艺的切实感受，逐步成为能想写的媒体达人的经过，文字平实近人，构思简明扼要，足能启人心智。

《揭牌儿》叙述中华文化相声传承基地落户天津师范大学的

揭牌仪式。在此之前,由宝坻区联合中国曲艺界和天津师范大学成立的马季艺术研究会。五年来搞了"马季杯"全国大学生相声展演、大学生相声研习会、马季相声论坛、《马季相声会》电视栏目、马家军相声创研中心、相声文史资料征集等文化品牌并申报国家艺术基金项目。伯芩作为上述系列工程的组织者、推动者和主要策划者之一,其激动心情和事业成就感无与伦比。这篇文章具体讲述了由中华曲艺学会、天津市文联、天津师范大学和宝坻区委区政府四家联合打造马季相声艺术文化品牌,进而建立中华文化相声传承基地的全过程。其中描绘揭牌仪式的动人情景是全文的点睛之笔,也是文章的高潮。毋庸置疑,此文的艺术价值、现实价值与相声文化的文献共传。《推动相声艺术之旅》详细叙述自己和同事深入推动"马季杯"全国大学生相声艺术展演的一次具体实践。《笑在乡村》巧妙转换镜头,介绍了马季艺术研究会出新人、出新作的成果,最终要通过人民的检验,让广大观众享受中华相声艺术给他们带来的无尽快乐的根本,忠实践行以人民为中心的文艺思想。作为此系列首篇散文《温总理的批示》,讲述他作为宝坻"谈心宣讲"活动的亲历者、参与者和组织者,如何在新形势下帮助农民解决实际问题的行动和感受,使读者看到作为宣传工作者心系农民、依靠领导、尽心履职的思想路线和工作作风,深切理解其才智能力是在为农民服务和为国家效力过程中历练出来的。《出席柏林国际电影节》讲述他作为中国农业电影电视代表团成员,赴德国出席柏林国际电影节和在法国、奥地利、意大利进行文化考察的实况,具体证明讲好中国农民故事、弘扬中华文化,才能登上国际文化殿堂的道理。

《黄骅联盟》是他在负责宝坻广播电视局期间与同仁创造性开拓性工作的写照。

《走进大学讲台》书写他从自学考试的天津师范大学专科班到被聘为师大兼职教授并登上讲台为大学生讲课的经历，他将三十多年积累的新闻经验，毫无保留地讲给新闻系大学生，及时奉献给社会与人民、报效祖国的赤字之心熠熠闪光。在区政协主席张振祥、李维怀领导支持带领下，为整合宝坻人文史料，规划了搜集、整理宝坻籍将军录、整理发源于宝坻的西路评剧的文脉及经典、总结宝坻人开创的京东大鼓及出版《董湘昆》专书及《中央政治局常委来宝坻》《宝坻政协30年》等任务，在伯苓心中，这是为人文宝坻的文史振兴尽心尽力的机缘。正是这些实际工作的淬炼，提升了他的文史境界，深化了他对宝坻人文底蕴的体悟，开通他退休之前迈入文学和书法创作的道路。

伯苓散文的第四个系列是名人访谈系列。具体篇章有《知青姑娘》《这些评剧名家们》《怀念浩然》《新闻大家邵华泽》《相识刘兰芳》《姜昆让我感动》《我眼中的白燕升》《马季弟子回乡记》等。由于采访和宣传宝坻文化名人的工作需要，由于打造西路评剧、京东大鼓和马季相声三大宝坻文化品牌的任务要求，伯苓在采访和研究与宝坻相关的文化名人方面下足了功夫，他不怕车马劳顿，也不怕咀皮磨破，以满腔热诚结识名人、宣传名人，并在学习、推介名人过程中充实自己的学识才华。许多合作过的文化名人，事后都与他成为半师半友的文艺知己。这些文章角度新颖，叙事高端，情感亲切，场面热烈，格调高雅，处处洋溢着文化名人为国为民竭诚奉献的高尚情操。其中《马季弟子回乡记》获孙犁文学特别奖。

伯苓散文的第五个系列是写小说集《摆渡》首发式及其视频小说《羊爷逮鱼记》的诞生过程。同时在《我的书房》一文讲述他退居书房的翰墨文事的愉悦生活。《一位人民教师的书法情怀》

是写他观赏姜昆父亲姜祖禹书法展览的心情及感受。《新闻情缘翰墨香》讲述他苦学书法的动因和过程,及与郑秉伏、刘吉林、张金方三位结缘于《天津日报》者联办摄影、书画展的故事。

伯苓散文的第六个系列,是抗击新冠肺炎疫情系列。庚子初年,新冠肺炎疫情突发。宝坻的疫情因为百货大楼的感染病例的扩散,成为全市的重点地区。伯苓宅在家里,无时无刻不在关注着疫情的发展变化,常常被医务工作者逆行一线、人民解放军大年三十深夜出征、全国及家乡人民抗击疫情的生动故事所打动,毅然拿笔,致敬英雄,抒发宝坻必赢、中国必胜的炽热情怀。主要作品有:《艺起战"疫"中的网络会议》《央广播散文》《宝坻百货大楼,请听我说》《宅小家,看国家》等四篇文章,从不同侧面真实、形象地记录了抗击疫情的真实故事。

显而易见,张伯苓的散文集带有浓厚的自传性质,其每篇散文都是真实的经历,真实的人物,真实的场景,真实的情感。他从真实的基础上升到理性的感悟,从眼前身边场景升华为家国事业的理想追求,从地域现象提高到时代精神,从个人工作转化为组织行为,从细微处升华为大境界,做到了见微知著,形散而神不散。其字里行间是故事,是情思,是人物,亦是道理,更是事业。形神兼备,虚实结合,情景交融,质文并重,引人入胜,也引人思考,不仅是作者心路历程的抒写,也具有天津宝坻乡邦文献价值。宝坻明朝县令庄禮诗云:"水有澜兮,惟海斯大。观斯澜兮,知源之派。万壑东归,朝宗有在。"愿伯苓散文能引领更多的后来者,为弘扬中华文脉和时代精神做出更大贡献。

辛丑新春于天津积学轩

(王振德,中国国学研究会名誉会长、
中国艺术研究院博硕班导师、著名美术评论家)

七、美丽乡村的构图

——《窝头河的春天》序

李治邦

张伯苓很幸运,他生长具有散文传承很有根基的天津宝坻区,一个蕴藏着丰厚文化传承的风水宝地。阅读了他的这部《窝头河的春天》散文集,就是一种享受,53篇文章就是一片他耕耘的土地,散发着浓郁的乡土气息,而且构成了一幅绚丽多彩的构图。他的散文语言很美,三言两语就能创造出一个个耐人寻味的意境。再有,就是张伯苓能在景致里写出一种朴实无华,比如他的《蛙声》《蝉声》《雨声》《芦花》《柳蒿芽的味道》《窝头河的春天》等,都能折射出许多人生的道理,以及丰厚的情感世界。现在人们阅读散文的视野宽了,就开始喜欢梁实秋和周作人的散文,他们是说人怎么活着,主要的感觉就是真实。张伯苓的散文恰当地传承了这点真实和朴素,用的就是一种直抒胸臆的文体。说起来,散文绝对不同于小说,没有那么多的虚构,也没那么情节化和故事性;也不同于诗歌,没有那么夸张和讲究韵律,没有纵横上下对社会的呼唤。那么阅读完了张伯苓这部散文集《窝头河的春天》,就比较充分表现了他对乡村,对亲人,对自己的朋友、对他接触过的生活,有一种浓厚的情感,显得那么对生活和人生的热爱。阅读后,我们仿佛看到了张伯苓在伏案真实地记录自己的一种心境,讲述他真实的感受。

130

喜欢散文的作者都是有情调的人,张伯苓就是一个典型的这类人物。他写散文,写的都是那么美好的事物,写的都是抒发美好的心境。在《怀念母亲》和《灯窑儿》里能看出他积攒着自己对生活对时光的热爱和钟情。对生活,对游历,对各种事物,对交往的朋友和各位艺术家们,张伯苓是有选择的。他知道怎么寻找散文的支撑点,他懂得在浩瀚的散文艺术海洋里,什么是最珍贵的,最有价值的。比如《知青姑娘》《姜昆让我感动》《马季弟子回故乡》《相识刘兰芳》《祥瑞组合六十年》《笑林广播电台》和《我的老师,我的贵人》等,都能感觉他的散文写出了一种小说的里的人物,就会觉得他笔下的人物都活动起来,那么有个性和品质。所以在翻阅张伯苓这部散文集子时,你会感觉到清新的空气扑面而来,似乎能重新看到张伯苓走过去的经历画卷,能听到他用散文唱出来的动人歌声,甚至还有潮白河水的潺潺作响。这部散文集子也是张伯苓这几年勤奋耕耘的结果,但凡他要是退缩下来,就看不到这丰厚的散文画卷。其实,他完全可以放弃什么。他曾经是一个在工作上很忙碌的人,忙碌的工作可能把他的诗情画意会边缘化。也会使得他的文字安静不下来,甚至导致笔下的文字工作化。但他没有,他是自己激励自己,自己给自己扬鞭。再仔细看他的作品,能看出张伯苓鲜明的艺术个性。他是个不拘泥形式的人,随意性很强,可以看到在这部集子里涉猎领域的很多。我主张散文就是不要粉饰自己的生活。散文于作者的生活是如出一辙。张伯苓就没有去粉饰生活,在掩盖自己内心的犀利观点,没有戴着假面具去无病呻吟,如他的《退休感言》等。我读他的散文,能感觉他的真诚,他的直抒胸臆,而不是我讨厌的玩命儿作虚伪状。

　　张伯苓能够出版这部散文集,对一个业余作者来说实属不易。这需要他的毅力，需要他的勤奋，需要凭借着对文学的一种良心。有人说，散文就是闲着没事的时候用笔去消遣，我很讨厌这种论调，创作散文必须是严肃，你不能篡改你的真实，而故意去迎合什么或者发泄什么。散文若是欺骗了读者，就是你的人格在欺骗读者。我喜欢张伯苓的散文，正是他没有欺骗读者，他是用自己的人格在感染读者。在他的散文作品中总是在强调情怀，比如《一位人民教师的书法情怀》《我的书房》《古村大院》等，看出张伯苓的一种文学大局观，即便是一个普通的细节，比如《母亲的打卤面》和《老姨家的红枣树》等，都显得不普通，都渗透着对亲人对家乡的血肉之情。张伯苓是一个不忘初心的作家，过去经历生活的没有挥之即去，而是久藏于心。这点在他的《乡土小说写初心》里就能看到，体味出让他不能忘怀的初衷。我常看到一些作家的散文在夸张什么，或者像小说一样在编撰什么，或者利用散文在抬高什么身价，这都是令人作呕的。阅读张伯苓的散文就是感觉他没有半点儿的虚构，特别是那种所谓内心的虚构。从字里行间里能看出张伯苓的个性，看出他对人生的感悟，看出他对社会的贴近。他把观看到的原生态社会揉进自己的个性思考，使得社会和生活在他的笔下有了更深次的境界，所以我一直以为，写散文的人一定是思想上善于思考的人，这点张伯苓做到了。

　　我觉得张伯苓是个写散文的料儿，他的博学，他的灵性，他的渴望，他对接触人的文学把握，都给人留下深刻的印象。散文是一本奢侈的教科书，它总要给人以启迪。散文不是那么好写的，张伯苓可能是太喜欢散文了，所以能想象出来他写散文的时候，总想着该洗洗手静静心，在自己的书房里听着外边的蛙声、蝉声去营造一下氛围。我对张伯苓说过，写散文也是锻炼你、熏陶你的一种方式，你浮躁了焦虑了，是不会写出好的散文。

写下这个序时依然沉浸于他所描述的美丽乡村的构图中。

2020年12月5日

（李治邦，文化和旅游部优秀专家、
天津市非遗保护协会党支部书记、著名作家）

第三章　文化访谈

　　角色的变化有时很耐人寻味,一夜之间"宾"变成了主,"主"却成了宾;主导者成为了服从者,服从者成了主导者,这种奇妙的变化有时也会降临自身,有一句话叫"品味人生",就是最好的注解。想不到我这个一直推力采访别人产生浪花的新闻人,退休后从事文学写作却成了被别人推力、被采访的人。此时,这角色的变化还真的让我有点儿不适应,冷静下来后才摆正了自己的位置。位置只能选你,你选不了位置。这时作为一个被采访者,才真正理解了浪花背后的含义,才有了灵魂深处的触动,因为你已经被采访了。虽然我已近古稀之年,近十年的文学创作,也有了一点点的收获,不想也经历了中央和省市媒体、新媒体的采访,畅谈与纠结、快乐与尴尬、智慧表述与无自信应付、求实理性与眼界的肤浅,像我采访别人时被采访者身上出现的现象,在我身上也出现了,有时表现得还不如人家,这时你才知道,被采访人和采访人同样不容易,同样有苦辣酸甜。这些年,印象最深的就是天津小说广播、天津文艺广播的《微观世界》《正午杂谭》等三次整体节目的文化访谈。其实这两个栏目都是天津人民广播电台高端文化评论性栏目,主持人柴巍智慧机敏的问话、文学问题深层次的总结、概述、点拨,如同新书首发座谈会、研讨会一样,让我受益匪浅,从中学到了好多东西。不同的是,主持人的点拨、肯定与对作品的评论绝不是代表个人的观点,他代表的是文化栏目的观点,因为你上了这个重要栏目,从某种角度讲,它比研讨会专家个人点评、作序的名家更重要。通过三次文化访谈,也为读者了解我的作品提供了重要的背景与鲜为人知的故事。

一、乡土守望
——《微观世界》访谈录

2018年4月18日播出

柴巍:今天我们的《微观世界》将跟大家一起走进一部作品,一起了解一下咱们天津的一位作家,通过他的这部作品,去感受一下乡土气息和乡土文学。20世纪的中国,出现了一系列乡村题材的小说,让人们耳目一新的同时,更是启发着人们深深地思考,农村干部、百姓生活,他们的酸甜苦辣和生存状态。天津作

主持人柴巍(左)专访《摆渡》作者张伯苓

家张伯苓,他的小说抓住了乡村民众善良质朴的人情,通过天津宝坻农民生活的呈现,来诉说人性本身的欲求,当然也牵动着一代代热爱着故土的人们。今天《微观世界》带您走进短篇小说集《摆渡》,了解一下关于乡土守望的那些人和事

各位听众朋友,您关心过乡土题材的作品吗?您有什么想说的话,节目进行当中来告诉我,与我进行互动。两种形式,一种是新浪微博搜索天津小说广播或者柴巍,火柴的柴,巍峨的巍,找到我们。第二种是微信互动,同样搜索天津小说广播可以实时留言。

先介绍一下这部作品《摆渡》。它是天津作家张伯苓的短篇小说集,收录了张老师近年来所写的乡土题材的短篇小说二十一篇,字里行间流露出作者深埋在心中的乡情以及对故土的眷恋、对家乡的情怀,从不同方面反映着作者浓郁的乡土情结,其中有对童年亲情友情的怀念,有对乡村小人物命运的描写,收录的作品对中国的乡土传统文化进行了挖掘,书写了新农民的现实生活,包含乡村风俗、乡音乡韵。接下来的时间,我们就请今日嘉宾、《摆渡》的作者,中国作家协会会员、中国散文学会会员,孙犁、梁斌文学奖获得者张伯苓老师。

张老师您好,欢迎您做客《微观世界》。

张伯苓:大家好!朋友们好!

柴巍:张老师,您是我们的同行、前辈,您退休后才以一个作家身份亮相的,我特别想了解您是什么时间开始写小说的呢?

张伯苓:严格地说,我搞小说创作的时间不长,应该是个新兵,开始写小说准确的时间是在2014年的9月,在我即将退休的时候。

我的这本短篇小说集的创作初衷,应该来自自己不尽的乡

愁。开始就是写着玩儿。自己是搞新闻出身，小说题材没有涉及过，心想该退休了，不行就写写试试，为退休后的生活找点乐趣。没承想写成一本小说集。写着写着陷进去了，这个

埋头创作

动力就来源于乡愁。我是农民出身，在农村老家生活了二十三年，家乡的哪条河、哪个小巷、哪棵树上打鸟、哪个沟里摸鱼、哪个地方推磨、哪个柴草垛前捉迷藏，还有邻里之间的情感以及父老乡亲的那种智慧、朴实、强悍的形象，都深深刻在了我的脑海里。即使进城工作这么多年仍魂牵梦绕，心里一直没有离开过乡村，一有时间就想回家看看父母、走走家乡的小路。父母走后，每年大年初一，我都要回老家看看张姓家族和我同辈中岁数大的老人，这种抹不去的乡愁是我创作这本小说集的真正动力。

　　记得很清楚，那是2014年9月的一天晚上，明月当空，看门的老张在院子里用水管子浇韭菜，看着透过白蜡树射进来的满屋的月光，听着水管子的滋水声，顿时脑子里就有了唐代诗人王维的"空山新雨后，天气晚来秋，明月松间照，清泉石上流"的意境，眼前浮现出小时候村头南小桥夏天晚上乘凉，小河流水潺潺，岸边柳丝随微风飘飘，大人们在月光下三三两两斗嘴抬杠，小孩们围观起哄嬉笑的场景，马上来了创作灵感。

　　于是我打开电脑，猛写到凌晨两点钟，之后又反复修改，经过半个月的努力，看着电脑屏幕上一闪一闪的文字，心想这就是小说了？这像不像小说啊？心里没底。李治邦馆长是著名作

家,也是我的好朋友,我给他挂电话说:"我写了一篇《杠头田老三》,不知道像不像小说,您给看看。"听说我写小说了,他非常高兴。"客气啥,传我邮箱。"没几天,他打来电话说:"写得不错,我只给你改了几个字,可发《天津日报》啊!"我在电话里对他说:"这可以登《天津日报》?"他说:"没问题,你就发吧!"我怀着忐忑的心情,发给《天津日报》,宋曙光主任非常重视并予以修改,很快《杠头田老三》在《天津日报》发表。朋友们在朋友圈疯狂转发,激起了自己写小说的热情。

在写小说的过程中,有一个人对我的影响挺大,就是宝坻区文化局局长康德鸿。当我写到第十八篇时我要截稿了,他听说我写小说了,他说:您不能截稿,锔盆锔碗锔大缸、卖鸡雏鸭雏的您也要把他写进去。这样我又写了三篇,形成了二十一篇系列乡愁小说。

这当中还有两个意外收获,一是集子里的短篇小说《知青小马》获梁斌文学特别奖,还有就是小说集中的另一篇《羊爷逮鱼记》,由宝坻区郝各庄镇人民政府、天津人民出版社共同出品,天津电视台的几个老电视人怀着一种热情,把这部作品拍摄成视频小说,由著名评书表演艺术家刘兰芳和天津农村广播播音部主任芳忧播讲,为乡村旅游文化增加了色彩。

柴巍:这个我知道。刚开始您也提到了作品《杠头田老三》,这是您的第一部小说是吧?

张伯苓:对,第一部小说。

柴巍:我特别想问一下,您看写乡村人物的《杠头田老三》,还有《土秀才》,作品很丰富,还有描绘生活趣事的,您也提到过《羊爷逮鱼记》,关于童年记忆的《磨眼儿》《摆渡》等。我还想问一下您为什么将小说中的一篇《摆渡》作为整部小说集的名字,有没有一些特殊的含义呢？

张伯苓：用《摆渡》作为整部小说的名字，确实有这么几点考虑：一是这部小说集是乡愁系列，时间跨度比较大，有的追溯到远古时期。摆渡就词意本身来讲，我觉得它体现着不断前进的历史脚步，用它摆渡过去，摆渡现在，摆渡将来！这是一点考虑；二是体现乡愁的血脉之缘，我们从哪里来，往哪里走，就像河流中的摆渡，是有底气、有温度的文化传承；三是体现着正能量，摆渡的过程总会遇到风风雨雨，但它永不停歇，迈着坚实的时代脚步奋勇向前；四是一个重要因素，《摆渡》主人公的原型是我的姥爷，自己曾多次乘上姥爷的摆渡船，身临其境地感受了他的人生。把《摆渡》作为小说集的名字，也是想用这种方式崇敬他、纪念他、怀念他。

柴巍：原来有好几层意思呀！还有人物的原型。这部小说集收录了您这几年写的乡土题材的短篇小说总共是二十一篇，可以说个个都像您的孩子一样，都是宝贝一样的，其中肯定有您最为满意的作品吧？

张伯苓：最为满意的作品有。

柴巍：二十一篇的哪一篇，疼爱有加的？

张伯苓：我最满意的一篇是《"大了"邱四方》。

柴巍：《"大了"邱四方》。

张伯苓：这部短篇小说是有人物原型的，这个原型也是我的老乡、邻村的邱芳先生，他是本村及左近十里八村、甚至宝坻城区被公认的"大了"，只要民众当中有个婚丧嫁娶、大事小情或者村里集体有什么事情，都会出现他的身影。我就用小说的形式刻画了这个在农村具有普遍意义的"大了"的人物形象。

说这部作品我比较满意，理由主要有以下几点：一是接地气有共鸣。农村每个村都有"了事"的民间小人物,可他们却干着大事情。"大了"邱四方就是千千万万个乡村"了事"人的化身。二是反映农民身上的一种善良。小说中主人公邱四方所做的一切,不是为了自己,都是为了别人,他用真诚和善心,无私为大家做事情,换得了民心。三是担当起社会责任。"大了"邱四方,虽然在村里没有什么官衔,可在民间却有着很高的威望,他利用这种独特的地位和民间威望,为村里的发展化解矛盾,凝聚力量。比如面对农村家居养猪造成严重污染环境的矛盾冲突,他配合村党支部用自己独特的办法,很快做通了村民关六在猪圈搬迁中顶着不办、向村里要高价的问题,使村书记光普十分叹服!在小说里对这个人物做了具体、深刻、形象的描述。

柴巍:《"大了"邱四方》,这是您其中比较满意的一篇作品。

(压混歌曲《打鱼郎》的曲子)

柴巍:我记得其中还有一部作品叫《羊爷逮鱼记》,您也介绍过已经拍成了微视频小说,而且由著名评书表演艺术家刘兰芳播讲,甚至还有为视频创作的主题歌,这个歌词也是您创作的,这个歌名就叫《打鱼郎》,那么我们现在听到的就是这首歌,这样的节奏,我们可以感受它是很有力量的,很有希望的,让你感觉振奋人心的,这个美我是喜欢的。

播放歌曲《打鱼郎》。

柴巍:这个作品您有没有创作原型啊?

张伯苓:这个作品也有创作原型。这个作品的原型就是我们王卜庄地区的一位农民,人家都管他叫鱼鹰子,他这一辈子就喜欢逮鱼,这里边也渗透出捕鱼的技巧、捕鱼文化以及在捕鱼过程当中体现了出的农民的这种善良。比如说,逮到了两条大黑鱼,正在发情阶段,逮住以后一看是这种情况,他把大黑鱼就放生了,体现农民的一种善良和生态循环意识。小说里也讲到了,羊爷对逮住大黑鱼的另一个人说,如果你把它杀掉了,它的后代就没有了,咱们就没鱼可捕了。

柴巍:是的。我们现在歌也听了,完整的歌曲在节目最后奉上。接下来,我们就分享一下张伯苓老师《摆渡》当中的一篇小说《磨眼儿》,这是反映童年记忆的作品,我们来感受一下,将会由我们天津人民广播电台在全国也是很有名的演播艺术家刘杰老师来为大家演播,稍后见。(播讲略)

柴巍:好,刚才听到的就是《摆渡》小说集当中的一篇《磨眼儿》,我们通过这样的文字,已感觉到了满满的都是儿时的回忆,满满都是乡土气息。张老师,您从事新闻宣传和电视文化工作很久了,有多少年了?

张伯苓:我从事新闻宣传和广播电视文化工作应该有三十年了。

柴巍:您是老前辈啊!您怎么去平衡新闻媒体人和作家这个身份呀?

张伯苓:我这大半辈子,大部分时间从事的是新闻宣传文化工作,早年在工业、财政、税务系统就从事宣传工作,纯粹地从事新闻宣传工作,应该是在县委宣传部和区广电局。我在县委宣传部工作十九年,一直做新闻,在广电局工作八年九个月零十天。现在回忆这三十多年时间,是我一段难忘的历史记忆,它使我学会了如何做事、做人,用什么样的视角看待人生、观察社会,当然它也为我的生活积累了宝贵的精神财富。

要说如何去平衡新闻媒体人与作家的双重身份,这个还真没刻意考虑这个问题。我觉得我的新闻工作经历,为作家这个身份做了丰厚的铺垫和积累,主要是生活积累和文字积累,不然一夜之间是绝不会写出小说的。没有新闻媒体人这个身份，就没有后来作家这个身份，新闻在前，作家在后。这说明什么？新闻与文学的目的完全一致，都是促进社会的文明进步和人的全面发展，新闻媒体人与作家所具备的东西是相通的，只不过表现形式不同，实现目的的方式和手段不同。新闻作品大量运用的是逻辑思维，而文艺作品大量运用的是形象思维，两者之间的结合点，就是新闻媒体人与作家所共有的、相通的。心灵的感悟和观察事物的眼界是两者都必须具备的。

柴巍：所以写作对您的生活包括新闻媒体人、新闻工作对您都有很重大的影响。

张伯苓：是。比如现在退下来，再搞新闻写作就有点儿不现实了，可继续发挥这文字优势，搞搞文学作品的写作是很好的一件事。它可以陶冶情操，在慢下来的节奏中，把写作当成一种乐趣，玩中有意，弘扬正能；另外，经常写写，动手动脑，减缓衰老，不至于老年痴呆，争取更多的时间享受我们这个美好时代。

柴巍：张老师之前做新闻工作的时候要写通讯，要采访，经常写消息、报告什么的，后来我也知道您写过散文，那现在又写了小说，它们之间在写的过程中会不会给您有不一样的感受啊？

张伯苓：不一样的感受是有的。新闻和小说来比，新闻要求写作上局限性大一些，对新闻事件你必须深入一线采访，掌握第一手资料；文学也要来源于生活，但它与新闻的创作空间不一样，预留的创作空间比较大。

柴巍：但是您都经历过了呀！是最重要的，从最早的新闻通讯，现在都写小说了。我特别想了解一下，您的这部短篇小说集《摆渡》，这部作品主要是描述自己熟悉的生活，可以说对自己熟悉的故土有着浓厚的情感。现在随着城市化进程的加快，您能不能谈一谈当下这种乡土文学的意义呢?

张伯苓:好。乡土文学的创作确实有着重要意义,现在一些作家离农村越来越远,离城市越来越近,我的这部短篇小说集出版,有的专家评价,说是有一种久违的感觉。确实是这样。要说乡土文学创作的意义,我觉得有这么几点:

一是还原本真。我们的传统文化植根于乡村,从人类发展的历史看,先有村落后有城镇、大城市。我们先人的智慧和风骨,才是我们文化的活水源头,这些活水源头在哪里? 在河流里,在森林里,在乡村里。通过深入挖掘创作乡土文学,使人们特别是让年轻人知道,我们从哪里来,往哪里走,在这个还原本真的过程中我们要汲取什么样的民族精神,我觉得这一点很重要。

第二点,增强文化自信。习近平总书记一再强调,中华传统文化博大精深,是我们自己的血脉,并把这种文脉上升到国脉的高度。一个民族要挺起自己的脊梁,首要的就是要文化自信,而乡土小说、乡土文学就是担负着这样的责任,为乡土中国助力、助威!

第三点,紧跟时代。乡土文学和其他文学一样,具有时代性特征,只有融入时代、跟上时代才能发挥出无穷的魅力。乡土文学的意义就显而易见了吧! 现在中央提出实现农村振兴的重大战略,把传承农耕文明、振兴乡村文化作为重要一条,乡土文学不可或缺,自己的短篇小说集《摆渡》,具有浓浓的农耕文明,能为这个战略起到鼓劲、造势的作用,自己也感到非常欣慰。

柴巍:好,还原本真、增强文化自信、紧跟时代,那么您今后的写作还会沿着乡土文学这条路子走吗?

张伯苓:目前还没有新的具体的写作计划,现在看乡土题材的作品比较滞后,我还是想在农耕文明、生态文明、村落文明方面,包括具有本地特色的戏曲文化、曲艺文化,选些题目写点东西。

柴巍:那我们也期待着您的作品早日跟我们的听众、读者见面!谢谢张老师!

张伯苓:好,谢谢!

柴巍:非常感谢张老师的精彩分享,时间的关系我们今天的节目接近尾声了,在此谢谢张老师,谢谢!

(播放歌曲《打鱼郎》)

柴巍:其实读张伯苓老师的小说,在感受他创作的经典人物和故事情节的时候,我们总能体悟到作家的那种深厚的文化底蕴,真切地感受到乡土文学的恒久魅力,我觉得这就是乡土文学给我们的感思,让每个人物形象身上的文化特征有了更多异性和丰富的诠释可能。

二、两个"喝彩"
——《正午杂谭》访谈录

2023年1月15日播出

片头曲:

《正午杂谭》谈你想谈,欢迎各位观众回到天津文艺广播正在为您直播的《正午杂谭》节目,我是主持人柴巍。接下来的时间我们需要和大家来分享在节目开头我们已经介绍过了,去年啊,2022年12月30日,早晨8点30分,G8801次京唐城际列车到达宝坻站,标志着宝坻正式进入高铁新时代。咱们天津作家张伯苓先生以此为背景创作了短篇小说《蒜爷坐高铁》。

宝坻高铁站

柴巍:接下来我要请张老师来到我们节目中分享这部作品的创作过程。我们先介绍一下张伯苓,天津宝坻人,中国作家协会会员、中国散文学会会员、天津师范大学马季艺术研究会副会长兼秘书长、天津师范大学兼职教授,孙犁文学奖、梁斌文学奖获得者。他长期从事新闻宣传文化工作,撰写的三百多篇消息、通讯、报告文学、新闻特写、调查报告、理论文章、散文、诗歌、小说先后在《人民日报》、新华社、《农民日报》《经济日报》、中央人民广播电台、《天津日报》《今晚报》以及咱们天津广播电视台等中央和省市主流媒体发表、播出,也是多次获奖,短篇小说、报告文学还拍成影视作品,出版有《张伯苓新闻通讯集》《荧屏里的评剧故事》《马季生前与身后》《潮河心曲》、短篇小说集《摆渡》、散文集《窝头河的春天》六部著作。

那么接下来的时间就有请张老师给我们分享一下。可能人们一听,如果不介绍背景,《蒜爷坐高铁》它到底是描述些什么?是个什么样的情况? 您给我们介绍一下。

张伯苓:乍一看,"蒜爷"与高铁不沾边,离得很远。但如果从宝坻大蒜的历史脉络分析,它跟高铁离得又很近。我就是从蒜区出来的,我的老家属于八门城地区,小时候在家种蒜、出蒜、编蒜这些全套活都干过。人们一提起大蒜就说宝坻林亭口大蒜,它知名度很高。可从土壤、气温、水质等几个方面看,林亭口大蒜涉及的区域就比较大,包括八门城、黄庄、大钟庄、王卜庄等几个镇,都属于这个区域,它种出来的蒜都是一样。你要离开这个地区,一样的蒜种,长出来就不是那个味道。这就像茅台酒一样,赤水河水取之不尽,可茅台镇的高粱就那么大面积,用别的地区产的高粱酿酒就出不来这个味儿。所以宝坻是远近文明的"三辣之乡"——大蒜、大葱、天鹰辣,特别是"六瓣红"大蒜,那更是历史悠久。

据有关文献记载,宝坻大蒜早在明、清两朝就成了御膳房的贡品。史志记载,明朝中期以来大蒜已在宝坻广泛种植,清乾隆年间(1736—1795)浙江丝绸工匠发现用蒜汁往丝绸上贴图案,不但不污绢,而且不发霉不变色,还防虫蛀。宝坻大蒜因其蒜汁黏稠度高而成为江浙刺绣所用粘贴原料之首选。当时,每到大蒜收获季节,江浙一带的客商不顾路途遥远,纷纷通过水路到宝坻收购大蒜,箭杆河及蓟运河等河道上,大蒜运销船多了去了,非常可观。据说,日本瓷器蘸花也要用宝坻大蒜。另外它的口感与众不同,放在嘴里辛辣爽口并散发着浓浓的蒜香,去毒解瘟就更加明显。

柴巍:您也提到过,从浙江这么远来宝坻,这是都有史料记载的吗?

张伯苓:这都是从史料上查的,是有史料记载的。

柴巍:所以您创作这个人物蒜爷,也是有原因的。为什么叫蒜爷,跟大蒜有这么多渊源。

张伯苓:下边我再跟你说一说。宝坻人种植大蒜积极性非常高,几乎林亭口地区村村户户都种大蒜,一辈一辈地传承发展。这样就带来了一个问题,收获了丰收,怎么销售赚回真金白银过日子、扩大再生产?这就是个问题了。那时的信息和道路交通很不畅通,20世纪五六十年代、七八十年代,农村许多地方根本没公路,老百姓卖大蒜只是骑着大水管自行车到集市上卖。像我们村,包括自己的父亲、哥哥也是这样。年景大丰收,老百姓就越发愁,有时没有销路卖不出去,好多大葱大蒜就得倒在河沟子里不要了,特别是大葱,扔掉的最多,卖不出去呀!

20世纪80年代,我在县委宣传部做新闻报道工作,全县这些村我几乎跑遍了。许多村为了闯销路,好多人骑着大水管自行车驮着大蒜往北京跑,形成了一道亮丽的自行车蒜队的风景(柴巍:呼呼啦啦的),我们也曾经报道过这样的新闻。当时那是什么路呀,抄近道走大部分是土路,好一点的是砂石路,非常艰难。别说骑自行车去北京,就是坐公共汽车,那也是不容易,从宝坻发车,没几个小时也到不了北京啊。当时我们搞报道记得非常清楚,坐车去《人民日报》、新华社、中

作者1996年在人民日报社留影

147

央台,当时还没有京通快速,就是通县到北京市里,这才多远啊,道窄堵车,往往得几个小时才能过去,急得你难受,耽误了好多事。我们在采访中也了解了自行车蒜队好多鲜为人知的故事。

柴巍:这也体现出了要想富先修路。

张伯苓:对对。所以这路是制约他们的最大心病。蒜爷由骑自行车去北京,到坐高铁去北京,天壤之别,必然有着心灵的震撼与感悟,要是当时有高铁,蒜爷与那位市场上的北京姑娘,早已终成眷属了。所以高铁与蒜农的生产、生活有着密切联系,就孕育出蒜爷这一人物形象。

柴巍:也体现出了时代的变化带来生活上的变化。12月30号,刚刚过去几天,8点30分,G8801次唐承城际列车到达宝坻站,这就标志咱们宝坻正式迈入高铁新时代。您这篇作品非常应景,在这个背景之下,《蒜爷坐高铁》元旦就播出了,就目前来说,您对这篇作品还满意吗?它的反响如何?

高铁列车进入宝坻站

张伯苓:是这样的。2023年开年1月1日就播出,反映还算可以。这是由我们宝坻融媒体中心刘淑霞在《刘洋诵读》栏目中播的,分上下两集,共四十多分钟。因为我在区里电视台工作过,现在改为融媒体中心了,虽然是区级台,但我们这个台人才济济,能独当一面的人才多得是,非常棒!刘淑霞是一个老电台人，正高级播音员，还曾经获得天津十优播音员称号，全国县级广播电视系统十佳播音员主持人提名奖，她的音色和播音水平还是很高的。她在播音中，对作品又进行二次创作，咱们听着，包括播音气口、场景、语言、人物内心活动，拿捏得都比较准，播出后确实有比较好的反响。刚才你说了（指主持人），播出时间也比较好。高铁12月30日开通的，元旦就播出了，大家都在热议高铁站开通，开通没两天，《蒜爷坐高铁》就播出了。《蒜爷坐高铁》，里边都有啥故事，咱得好好听听，关注度一下又高了起来。

柴巍：应时应景。但是我特别想了解，高铁通了，在这个节点播出，也有一定是您希望的。

张伯苓：这个作品我早就酝酿了，其实也是为高铁开通做准备，搞了这么一篇东西。

柴巍：您也很有预见性，一直等这天到来，实现蒜爷真正坐上高铁，能够去北京。

张伯苓：呵呵！这个高铁的方案头几年就定下来了，宝坻中转站也定下来了，开通那只是一个时间问题，所以我有思想准备。那天播完以后，刘淑霞很高兴地告诉我，这节目反响不错，并把后台的情况反馈给我，在她所播的节目里，这篇小说无论是转发分享、浏览量和全篇阅读量都是靠前的。有的评论说："这个元旦是属于《蒜爷》和《这座山》的。《这座山》是我们宝坻区委党校梁建新校长创作的诗歌，写得非常好，大题

刘淑霞在《刘洋诵读》栏目
播讲《蒜爷坐高铁》

材,主要是歌颂党、歌颂人民,梁校长无论是学识、文化底蕴还是文采,都很棒。我这个是写小人物。两篇作品也起到了相互补充、相得益彰的作用,在写作上我还真得向梁校长学习!

柴巍:好作品自然会有受众,好作品必然受欢迎。咱们说了这么久《蒜爷坐高铁》了,您刚才也介绍了背景,蒜爷当年是骑着自行车去北京卖大蒜的大队伍,那么我想知道,当初蒜爷是不是具体化到每一个人呀! 有吗?

张伯苓:没有。

柴巍:没有,不是这样的。

张伯苓:我是把宝坻蒜农最优秀的品质,通过文学手法都集中到蒜爷一个人的身上了,蒜爷是宝坻农民的真实写照。蒜爷身上的优秀品质,我觉得突出这么几点,看完小说就能完全体会到。

一是吃苦耐劳。宝坻蒜农身上的这一品质是共同的,他们不怕吃苦、不怕受累,起五更、抗严寒、冒酷暑,都不在话下,他们笃定一种信念,好日子是奋斗出来的。他们知道,河泥是最好的种蒜底肥,这我都经历过,每天顶着冰碴、冒着凛冽的寒风,凌晨起来站在冰窟前用笨重的铁捞笼挖河泥,天亮以后再把冰层上凝固的泥块,装上手推车运到蒜地里,做底肥用。

二是聪明智慧。过去这些蒜农,虽然文化水平不高,但他们善于总结种蒜的道道和经验并一辈传一辈,在实践中学、在实践中用,在实践中探索。比如说摸清地力、土壤温度和病虫害发生的规律。在当地就有这样的顺口溜:"九里蒜九里蒜,破土犁沟拆蒜瓣。豆饼河泥掺黑烟,炕坯粉碎细如面。六瓣做种选饱满,来年收获大金蛋!"

柴巍:这个总结得很全面呀!

张伯苓：对。这个顺口溜也充分说明这是他们在选种、播种、施肥等方面经验的总结。我多说两句，"九里蒜九里蒜"，到九九里边必须把蒜栽上，过了这个时间就不行了。"破土犁沟拆蒜瓣"，该准备种蒜犁沟的时候，蒜瓣拆开，把蒜种准备出来。"豆饼河泥掺黑烟"，就是我们老家那总结的，最好的肥料就是豆饼，这个你知道，河泥刚才我也说了，掺黑烟是怎么回事呀？就是炕坯的黑烟子。"炕坯粉碎细如面"，到栽蒜的季节，好多家都打炕，把原来的炕坯拆出来，换上新炕坯，老炕坯内测熏的都是黑烟子，就用榔头把它砸碎了，用筛子筛成面儿，把豆饼、大粪掺和在一起，施在犁开的蒜沟里。"六瓣做种选饱满"，就是你挑的这个种要六瓣饱满、特别均匀，一般的情况下，一个蒜瓣第二年就长成一头蒜，基本上都是一瓣长成六瓣。你把这些都做好了，"来年收获大金蛋"，肯定大丰收。

丰收在望的宝坻蒜田

柴巍：它是有前提的，必须做好各项准备，掌握好时令，就是你把这个蒜瓣拆开都是有时间要求的。过早拆不行，拆晚了也不行，很有讲究的。

张伯苓：是的。另外农民连储藏蒜都有说法，所以他储存的蒜一般不爱坏。所以说这些农民非常智慧,特别是在这些蒜农中还出现了全国第一个农民葱蒜研究会,形成了种植"三辣"特别是大蒜的一整套理论。创始人就是蒜农陈光星,还受到共和国总理温家宝的接见。

三是务实守信。这是反映蒜农身上最朴实的东西。庄稼人绝不虚头八脑,有一是一,有二是二,销往市场的大蒜,各个籽粒饱满,都是货真价实的好东西,因为他们血脉里就没有欺诈的基因。

柴巍:他都不会滥竽充数,以次充好,不会这样做。

张伯苓:那是绝对的,这些蒜农骗人的事,他从内心都过不去。我们这些农民、蒜农淳朴实在,实在到什么程度?这在他们说自己的年龄时就反映得淋漓尽致。一般情况下,城里人报自己的岁数都报周岁,咱们不是说城里人不实在啊!可这些蒜农、农民实在到无以复加的程度,他们报年龄大都报虚岁,因为他们认为,这岁数得从做胎时算起,因为那时你就开始有了生命。小说里,蒜爷的一句话"说哪办哪""一个唾沫星子砸个坑的主儿,"人品、蒜品具佳,哪个客户不喜欢这样的卖主儿!一个城里姑娘喜欢上蒜爷,也是情有可原的。

四是重情重义。这突出反映在蒜爷与小芹的恋爱上,虽然由于父母的干涉没有成婚,可他们的爱情是纯真的,没有一点杂质,这在小说复杂多变的故事中都能看到。他们的婚姻因堵车失约,没能如愿以偿。可六十年后乘高铁赴京热泪盈眶地开怀会面,说明了一切。特别是蒜爷看到小芹家瓶子里还放着六十年前因蒜爷失约小芹赌气踩烂的其貌不扬的"六瓣红",两人情感上又一次涌上心头。小说发表后有人问我,这"六瓣红"可以存六十年,你这不是瞎说呢吗?我对他说:"只要是放在心底的东西，不管多久它都会有。"那一刻，我觉得用李白《长相思》的诗句"孤灯不明思欲绝，卷帷望月空长叹"形容是再恰当不过了。

我觉得这四点，把蒜农的品质都集中到蒜爷一个人物的形象上了，这样使其更典型。

柴巍：北京时间来到了中午12点33分了，在节目下个时段我们继续来跟大家分享。上半时段我们邀请了张伯苓老师分享了《蒜爷坐高铁》创作中一些细节的内容，可能有些朋友听完刚才的采访内容，对《蒜爷坐高铁》也充满了好奇，那咱们就先一听为快！了解本篇的风格，然后继续请张老师来讲述。有请木荣给大家演播《蒜爷坐高铁》的部分精彩片段。(播讲略)

柴巍：非常精彩的一段《蒜爷坐高铁》的片段，接下来的时间继续有请张老师。张老师作为过来人，也是曾经的蒜农之一对吧(作者：对)，刚才也提到了蒜爷的品格形象和人格魅力，他不仅仅是某个具化的形象，而是代表了这个时代的人物群像，我觉得更可以代表咱们宝坻人或者是咱们天津人的品格，奋斗拼搏不止、诚实守信、踏实务实。所以这样一部小说，自然受到大家欢迎，因为它有共鸣。你别看那个时代大家苦中作乐，但是它的这种精神是代代相传的。在写作过程当中，您肯定需要前期的一个设计，一步步怎么来，还有情节，您给我们介绍一下，为什么会有现在的一个效果？

张伯苓：整篇小说确实有些粗线条的设计，在创作中边写边提炼、边修改，我觉得有这么几点吧。

一是主要构架。主要框架我设计了两条线：一是明线。明线是扣在道路交通的变化对人民生活的重要影响；二是暗线，暗线就是围绕明线辅以蒜爷与小芹的错综复杂的爱情故事，以暗线说明、衬托明线这一主题，达到与高铁接轨。

二是抓住了四个点。第一，下大雪蒜爷仍把"六瓣红"大蒜准时送达菜市场，感动了菜市场的所有人。特别是小芹听到看到蒜爷哈着冻僵的手、跺着脚说的那句话："说哪办哪！"那一刻让她萌生了爱的火花。第二，往茶缸子里放白糖，点破蒜爷与小芹的爱情。第三，蒜爷坐汽车因堵车失约，遭到小芹父母的斥责，小芹有力驳斥父亲的那句话。她父亲说："别等了，来不了了，一个庄稼佬，能有什么准话？"小芹不干了，说："庄稼佬怎么了？庄稼人怎么了？我爷不也是庄稼人吗？"小芹的一句话，把父亲噎那儿了。这句话很重要，就是为中国农民正名，农民是社会主义建设的重要参与者、建设者，他们都很实在，农民最可贵、最可爱。没有农民种的地，你吃什么？穿什么？改革开放以来变化这么大，城里的大楼都是农民工给盖起来的，是吧？另外就是说咱们大城市现在的人你往前倒几辈，几乎都是农民出身。所以说这个底色，农民这个底色，还是非常正的，是不褪色的，我们天津建城六百多年，你往前推，好多人都是从农村来的（柴巍：是是！）。另外就社会变迁来看，先有农村后有城市、大城市。所以说要旗帜鲜明地给农民正名。第四，坐高铁北京重逢，既是意料之外又是情理之中，就两人爱情来讲，因高铁开通见面，是不完美的完美结局。

三是叠加了矛盾冲突。作为一篇文学作品，必须要有矛盾冲突，才能让读者、听者看下去、听下去。整篇小说矛盾起伏还是可以的，并且用梦幻的形式又叠加了矛盾冲突。比如梦中小芹手持镰刀来到蒜爷的蒜地，要蒜爷别当缩头乌龟，必须给她一个交代。再比如梦中蒜爷知道小芹嫁给了其貌不扬的残疾人，他拽着婚车苦苦哀问小芹，你为什么嫁给他？你为什么嫁给他？当场遭到各方对这个所谓说话不算数的男人的斥责。两次梦中的矛盾冲突,叠加得还算自然,增强了小说的可读性、可听性。

四是语言。小说通篇都用了接地气、符合人物身份的语言叙述事件,如果小说的语言跟人物不符合、跟事件不符合,那这个小说就是失败的。所以在语言运用方面,我都是用接地气,特别是庄稼人土得掉渣的话,如说哪办哪、出力长力、和蒜一起捣着吃了,等等。这些都是老百姓经常说的话,农村里经常说的话都集中在了蒜爷的身上。

柴巍:原来这些情节和人物关系是这样设计来的。那么刚才通过跟张老师在采访过程中的交谈,也可以感受到作者对这篇作品还是非常有情怀的,是对家乡眷恋的一个体现,其中拿蒜爷作为一个集中的代表,我可以感受到,您的语言中充满了喜爱,甚至有些激动,很享受的,自己起码通过这样的方式进行了抒怀。张老师,在节目的最后,能不能再跟我们分享一下,通过这篇小说《蒜爷坐高铁》,您要表达的核内容?

张伯苓:好的。我的这篇小说,应该说中心思想就是"两个喝彩"。

一是为家乡进入高铁时代喝彩。宝坻的公路咱就不说了,宝坻有铁路、有火车那是什么年代?宝坻县志记载:宝坻铁路1960年修建,1964年7月1日开通,宝坻有火车了,当时那是惊天动地的大事情。五十八年后,宝坻进入高铁时代更是具有里程碑意义的大喜事;它将给人们的生产生活带来巨大变化,想去北京天安门,到纪念堂看看毛主席,一上午就可打个来回。去北京从沙石普通公路、高速公路到高铁,就行驶的速度来说,可以这样比喻:半天功夫、个把小时功夫、一袋烟的功夫。刚才柴巍老师也说了,要想富,先修路。新中国成立以来,我国的发展在道路交通上反映得最直接、最现实。家乡进入高铁时代,它的背后是京津冀国家发展战略重大成果,轨道上的京津冀大大缩短了相互间的距离,扩大了交往交流、人文融合、经济融通,半小时车程就会环绕三地,不仅促进本地区的发展,而且会使千家万户受益,人们的幸福感、获得感更加丰满。小说中,蒜爷和小芹在北京见面那刻骨铭心的一句话:"那时要是有了高铁该多好呀!"那种感慨,发自心底,感同身受,也道出了人们对高铁时代的喜悦与自豪!

二是为家乡"三辣"唤醒工程喝彩。乡愁是一个人融合在灵魂深处的情怀,无论在哪都魂牵梦绕。自己是个土生土长的宝坻人,对"三辣"产业更是情有独钟,"三辣"文化、"三辣"味道早已渗透到骨髓里。"三辣"文化应该是我们宝坻的非物质文化遗产。前不久中央农村工作会议提出抓好优势传统产业的"土特产",区里提出"三辣"唤醒工程,高瞻远瞩,必将在高铁时代展开腾飞的翅膀,极大地开发"三辣"之乡的天然优势和后发优势。进入高铁时代,做好乡村振兴、做大"土特产"这篇大文章,为父老乡亲造福。创作此篇小说,蒜爷的人物形象,一箭双雕,更是有此意。这就是"两个喝彩"。

柴巍:刚才张老师提炼得非常到位。今天节目中分享得特别细致,蒜爷这样一个形象,体现出您对这方热土的热爱,包括您提到的乡愁,虽然有高铁、蒜爷的过往,有他们的甜美,也有遗憾,但是也有随着时代的进步给家乡带来的变化,脉络都非常清晰。我们也期望感兴趣的朋友上网,网上可以搜的到吗?

张伯苓:网上也可以搜《刘洋诵读》。

柴巍:对《蒜爷坐高铁》感兴趣的朋友可以关注,也希望张老师给我们提供更多作品。好,张老师再见!

张伯苓:谢谢,谢谢你!

三、唱出故乡的歌

——《正午杂谭》访谈录

2023年2月2日播出

女生播音:《窝头河的春天》是天津作家张伯苓的散文集,带有浓厚的自传性质,其每篇散文都是真实的经历、真实的人物、真实的场景、真实的情感,他从真实的基础上升到理性的感悟,从眼前身边场景升华为家国、理想、事业的追求,从地域现象提高到时代精神,从个人工作转化为组织行为,从细微处升华为大境界,做到了见微知著,形散而神不散,《正午杂谭》今日专访作家张伯苓,分享散文集创作的背后。

主持人柴巍:本节目来到中午的12点15分了,您现在收听的是天津文艺广播《正午杂谭》节目,我是主持人柴巍。接下来的时间我们就要邀请到《窝头河的春天》的这部散文集的作者,咱们天津的本土作家张伯苓。张老师这本书,以前也在咱们的节目中做过一些了解,这次再版后《中国新闻出版广电报》也做了报道,这本书还赋有科技含量,立体出版,扫一扫书中的二维码就可听到看到相关的音视频。接下来我们就有请张老师。

柴巍:张老师您好,去年上半年您的《窝头河的春天》出版,当时(2021年4月9日)我还去过发布会的现场,而且也是拜读了您的散文集的新作,没想到现在又再版了,里面是有变化了吗?

张伯苓:有些变化。首发座谈会你也参加了,出版以后总觉得还有些遗憾,还有一些没收录的东西、感兴趣的东西又涌上心头,要把它收入书中,完善完善。所以我就反复构思,也算是笔耕不辍吧,又连续写了十七篇作品,在天津人民出版社刘庆社长、王康总编辑的大力支持下,张素梅老师精心编辑下,于去年10月再版发行。增加的十七篇作品,包括歌颂英雄、绿色生态、文化活动、读书心得、名人故事等。

比如集子里写到的刘华林,这个九十二岁高龄曾参加抗美援朝的老兵,事迹非常突出,通过他的讲述,让人们深刻认识到,抗美援朝保家卫国的意义、毛主席他老人家的英明伟大。中国人民志愿军以弱胜强,打败了以美帝国主义为首的武装到牙齿的十六家联合国军,让世界刮目相看,壮了国威、壮了军威,那才使中国人民扬眉吐气在国际上真正站立了起来了。所以这篇文章我是怀着崇敬的心情写出来的,《天津日报》人物版全文发了头条,中央党史教育官网给予转载。

在再版的作品中,还补充了一个大型文化活动,就是2008年度中国金话筒颁奖晚会,这个可能你也是知道的。

柴巍:知道。

张伯苓:这个晚会是由中国广电学会和天津广播电视集团主办,在宝坻京津新城举行的。全国四十三个获奖名嘴以及沈力、赵忠祥、李瑞英、康辉、白岩松、敬一丹、孙正平、鞠萍、张泉灵、红云、陈铎、铁成、黎江、常亮,等等,央视、央广的名嘴都来了,还有咱们天津的关山老师也来了,天津电视台尹畅是那届金话筒的获奖者,马东也是获奖者,马东也来了,他的奖是由家乡宝坻的领导给他颁发的。那天还是马东四十岁生日,晚会还给他过了个热烈、简朴、隆重的生日。晚会是由天津电视台策划,白岩松、康辉和天津台的李宗瑶、北京台的梁洪共同主持。这个晚会搞得很有特色,也为宝坻积淀了厚重的名人、名嘴文化,我亲自参与了这场晚会的工作,前期与市台一起做了大量的筹备工作。这个大型文化活动,是宝坻有史以来文化名人参与最多、规格最高、最盛大的一次活动，一定要把它收在集子里。从去年年初开始我就反复回忆、查找资料，用了两个多月的时间，我精心地把它全方位地记录下来了，这可能也是这场颁奖晚会全记录唯一的文字版，入到集子里我也很欣慰。

窝头河全景照片

这些年家乡的生态变化特别大，特别是党的十八大以来的十年，这十年也是我搬到窝头河畔居住的十年，在窝头河畔遛弯的十年，河岸一草一木的变化，都刻在心里。那郁郁葱葱的花草、碧绿荡漾的渠水、随风摇曳的柳枝、鱼跳鸟鸣的画卷真是美不胜收，就连我们河岸废旧的垃圾场，都被改造成了漂亮的月季花园。因环境太好了，多年不见的啄木鸟来了、山喜鹊来了。去年3月，冬奥会刚刚成功举办不久，宝坻突如其来地下了一场大雪，好像这场大雪就是对生态环境来个大检验似的。雪中我也去了窝头河河岸，看到雪花抖动的舞姿，雪花与河水交融的柔情，银装素裹的场面，我挺震撼，我把伞也扔了，让雪片落在头上，尽情吸吮着大自然的甘甜。晶莹剔透的雪花，把窝头河两岸、宝坻城覆盖得特别严实。第二天清晨我又来到河岸，依然如故，雪色还是那样晶莹剔透，看不到一点覆盖的灰尘，要是过去就不是这样。

柴巍:都黑了,不一样的。

张伯苓:对!第二天还出现了雾凇,雪景与树挂融为一体,河道两侧好不壮观,在初升的太阳的照射下,漂亮极了,我用手机记录下这精彩的一刻。我心想,一定把这些年窝头河发生的变化专门写一篇文章列入书中,让读者和我一起欣赏窝头河的春天。窝头河的变化我都写在里边了。而地处大洼深处的回家庄村的一个小果园,那是我老家那边的,却为远道而来的鹭鸟所占领,成了北方鹭鸟的最大繁殖基地,两万多只呀!这个散文《鹭鸟停驻的地方》被《天津日报·满庭芳》刊登,引起中国作家网的关注并转发。

《宝坻有了马季馆》这是植入家乡文化沃土的一座艺术殿堂,大大提高了宝坻文化的软实力、影响力。《走进刘兰芳艺术馆》又与马季馆南北呼应,中华曲艺评书、相声在书中相会。河南宝丰县在马街书会给刘兰芳主席建立了一个大型艺术馆,2021年我亲自到馆学习。兰芳主席虽然不是宝坻人,但她与宝坻有着深厚的感情,她和爱人王印权老师多次来宝坻参加活动,我们的关系也都非常好。印权老师也是著名快板书表演艺术家李润杰的亲传弟子,还有一个鲜为人知的情况呢,王印权老师祖籍是天津市宁河区芦台镇。

柴巍:啊,这个就有渊源了。

张伯苓:这个渊源就更深了。雍正九年(公元1731年)之前,宝坻与宁河同属宝坻县,从根脉上来说,同根同祖,都是一家人。刘兰芳这个艺术馆面积很大,占地二十九亩,投资七千多万元,应该是中国评书艺术的一座丰碑,那里边的内容太多了。这是把这两馆记录进来了。

《柯香来了》，记录京剧表演艺术家、现代京剧《杜鹃山》中柯香的扮演者杨春霞老师参加宝坻电视台的文化活动的画面。《看望吴祖光》，让读者看到著名戏剧家吴祖光先生和夫人、著名评剧表演艺术家新凤霞先生与宝坻的深厚渊源。这样全书《名家访谈》就达到了十七篇，这十七篇里边的二十多位文化名人，都与宝坻有着密切的联系，我与他们都建立了深厚的感情。

特别是得到了人民日报社老社长邵华泽先生、姜昆先生、刘兰芳先生、白燕升先生、知青楷模侯隽大姐的厚爱与关怀，并从他们身上学到了好多东西，应该说受益匪浅。

你比如说邵华泽社长，20世纪80年代就开始跟他接触，老社长职位那么高没有架子，工作那么忙却总是那样平易近人地跟我们这些小小的报社通讯员见面，鼓励我们要多写稿、写好稿，《人民日报》成立五十年的时候，老社长还特邀我作为该社通讯员的代表参加纪念活动，在座谈会上发言，确实我都没想到这个事儿。跟他接触时间长了，我就觉得他有个想法，就是想通过基层通讯员最接地气的这支队伍，了解基层、了解农村、了解农民的所思、所想、所盼，更好地把握舆论导向。三十年来，我一直和他保持联系，就是这两年疫情没有到他那去，但也通电话。他从工作岗位退下来以后，仍情系新闻报道工作，有时候我到他家去了还没坐稳就问："宝坻今年有啥新变化呀？老百姓有啥想法呀？"他还一直关心。头几年他来天津，孙海麟副市长陪着他到宝坻来，他跟海麟说："你一定要通知张伯苓，那是我的好朋友，我们见个面！"下车后老社长看到我来了，满脸笑容，紧紧握住了我的手。耄耋之年的老社长，职位这么高还想着我，我非常高兴，也很感动。

书中增加的作品，大体上是这么几块内容。

窝头河岸边花团锦簇

柴巍:张老师刚才介绍得非常详细,不论是自己过去所遇到的经历,还是遇到的朋友知音,再到家乡环境美的变化,等等。这本散文集总共有七十篇是吧?

张伯苓:对!

柴巍:包括亲情友情、乡容乡貌、工作感悟、名人访谈、读书创作,还有抗击疫情六个部分。您刚才也提到过,名人访谈就占了十几篇,不同的部分都有自己的想法,那么《窝头河的春天》就是其中的一篇文章,您为什么拿这一篇的文章名作为整本书的一个书名?

张伯苓:从我内心来说呢,早想以窝头河的名字写本书。有的人说你咋不以潮白河作为书名呢?这是因为窝头河位于宝坻古城与宝坻新城之间,是穿城而过的河流,它的历史渊源很长。潮白河在公元476年史料有记载,而窝头河在公元116年史料就有记载了。潮白河是潮河、白河两条河流汇合的河流,潮河的源头位于承德地区丰宁县的黑山嘴,白河发源于张家口的沽源县的丹花岭。辽代前统七年,即1101年,潮河与白河的汇合口从通县上移至顺义县以北的牛栏山。明嘉靖三十四年,公元1555年,潮河与白河的汇合口又从顺义牛栏山上移到密云县的县城南汇合,这样形成的潮白河。它上游的河北、北京,一直到天津的宁车沽入海口都是潮白河,上边的一省两市的若干个区县都是潮白河的流经区。而窝头河不仅比潮白河历史悠久,而且没有源头,它没有源头,雨季洪涝,经常水患。清乾隆十年《宝坻县志》记载,雍正四年(1726年),朝廷派官员王乾德等人负责疏浚,自百家湾至八门城,总计九十五华里。相比之下,我觉得它离我们更近,涵养的宝坻元素更多,从区域角度讲、涵养元素讲,窝头河才是宝坻的母亲河。这是其一。

其二,这本散文集主要记录自己从20世纪70年代中期到县城工作至今所经历的事情。这么多年一直与窝头河相伴相随,特别是十年前,我的家又搬到坐落在窝头河岸边的小区,每天早晚到河边散步,打开窗户就可以看到窝头河的浪花,窝头河见证了我书中的人和事,我和窝头河更是产生了难解难分的感情。

其三,用《窝头河的春天》做书名,具有青春律动色彩,充满生机和活力。短篇小说集《摆渡》这个书名,你原来你也采访过(柴巍:对),具有水韵之意,《窝头河的春天》更是一脉相承,与水相连,两者突出宝坻是有水乡特色的风水宝地。我的书房挂着《窝头河的春天》首发座谈会的大幅彩色照片,与窗外的窝头河遥相呼应,一种惬意之感油然而生,觉得用《窝头河的春天》做书名是非常合适的,也非常契合这本书的内容。在首发座谈会上,姜昆老师评价:"《窝头河的春天》这本书,是为故乡宝坻做了一个曲,唱了一首歌。"给了满满的鼓励。所以说用《窝头河的春天》做书名还是比较合适的。

柴巍：还是非常妙的，能够让人感觉得到。

（音乐响起）

柴巍：好，《正午杂谭》谈你想谈，下个时段我们要继续跟大家分享这部散文集《窝头河的春天》。继续为您介绍一下作者张伯苓，天津宝坻人，中国作家协会会员、中国散文学会会员，天津师范大学马季艺术研究会副会长兼秘书长、天津师范大学兼职教授，孙犁文学奖、梁斌文学奖获得者，长期从事新闻宣传文化工作，撰写了三百多篇消息、通讯、报告文学、新闻特写、调查报告、理论文章、散文、诗歌、小说。先后在《人民日报》、新华社、《农民日报》《经济日报》、中央人民广播电台、《天津日报》《今晚报》、天津广播电视台等中央和省市主流媒体发表播出，并多次获奖，短篇小说、报告文学还被拍成影视作品。出版有《张伯苓新闻通讯集》《荧屏里的评剧故事》《马季生前与身后》《潮河新曲》、短篇小说集《摆渡》、散文集《窝头河的春天》六部作品。

接下来我们继续有请张老师。这部散文集《窝头河的春天》有那么多作品，有没有您最满意的作品？

张伯苓：啊，最满意的作品是吧？

柴巍：这不好选？优中选优吧。

张伯苓：优中选优……过去你讲过，这些作品都像我的孩子一样。

柴巍：是，很难选择。

张伯苓：要说这七十篇作品，最满意的有两篇。一是《老姨家的红枣树》，这篇作品主要是为怀念自己的大姐创作的。我和大姐的感情是比较深的，大姐与我都属马，我小她一轮，从小我是在大姐的背上长大的，大姐一直是我敬仰的楷模。她与枣树也有同样的品质，根植土地，不畏贫寒，宁折不弯，勇往直前。父母去世后我就把全身心的感情倾注到大姐的身上，像爱戴父母那样爱戴大姐。隔三差五都要买点可口的东西，到农村她的小家坐坐，与她一起聊聊天，叙叙家常。回忆以往，那种本色快乐、手足之情现在我还记忆犹新呢。大姐去世我万分悲痛，想念她时已没了去处，所以我要写一篇文章怀念她。小时候大姐经常骑着自行车驮着我到老姨家的红枣树前打枣，我就确定了老姨家的红枣树这一主线和由头，运用了比喻、拟人、特写、夹叙夹议的方法，抒发对大姐的无限情怀。文章发表后，宝坻融媒体中心赵国芸、天津新闻广播芳忱在所在的栏目分别播出，中央人民广播电台在2020年大年正月初十，也意外地播出了这篇文章，这个非常难能可贵。我就琢磨，中央台怎么也给播了呢？他们看到这篇东西了，他们给选用了。我觉得他们看中了抗疫当中需要人文情怀，需要大姐和枣树的那种品质，来战胜疫情。这是一篇吧！我比较满意。

另一篇就是《马季弟子回乡记》。这篇散文主要写了马季弟子们为了给师父马季先生还愿，集体到马季故乡宝坻黄庄村，到他的故居寻根。马季先生生前有两个愿望，一个是给家乡宝坻创作一段相声；一个是到黄庄村走一走、看一看。其实他这么些年没回过黄庄村，他来过宝坻，但他没到他那个村去过。后来这两个愿望成了遗愿。2016年马季艺术研究会成立后，弟子们就决定给他还愿，这也是一个情意满满的活动。这次弟子回故乡，加深了马季与家乡之情，弟子与宝坻之情，让相声与宝坻结缘。当时姜昆老师去外地演出，脚崴了造成骨裂，我到他家汇报这个情况时，我看他的脚还打着石膏拄着拐，我对他说："您的脚还这样子，就别去了，让马东和弟子们代表就算了！"姜昆老师用拐重重地杵地,瞪大眼睛和我说:"师父的事不去哪行?"因为这次回故乡,"马季艺术人生图片展""马家军相声艺术创研中心揭牌""马季生前使用物品捐赠仪式""马季弟子回故乡黄庄村"等几项活动比较多,而且我们区里的文化局康德鸿局长(后提拔为宁河区政协副主席)忙里忙外,非常重视,安排得也非常紧凑。马东看姜昆走路一瘸一拐这么辛苦,从家人的角度对我说:"就别让姜昆大哥去黄庄了,他的脚会受不住的。"跟我有点儿着急。我知道姜昆老师此刻的心情,他是大弟子,你正面阻止他肯定不干。

柴巍:他也很为难,

张伯苓:他肯定不会答应的。我就采取折中办法,马东和我说了,我说行,我也没有回绝他。等这车到了黄庄村,里三层外三层的人把街头围得水泄不通,车快停下来时我就对姜昆老师说:"马季先生故居里的那个小胡同道儿坑坑洼洼地特不好走,您就别下车了,让弟子代表您去!"姜昆瞅了瞅我,"乡亲们这样热情,不去哪行?"他拿起拐杖就下去了。

柴巍:来都来了!

张伯苓:是,来都来了。他都没用好脸瞅我就下车了,挂着拐与乡亲们、与马家家族的老人们亲切交谈,那种热乎劲当时我也挺感动。马东、刘伟、王谦祥、李增瑞、郑建和再传弟子应宁、侯振鹏,还有从湖南专程赶来的马季先生的好友姜建熙等都下车了,兴致勃勃地来到了马季故居。马东这是第一次回家来到父亲的故居更是激动,他还见到了马家他最亲近的叔叔马树信和弟弟们。到了先生的故居,姜昆挂着拐和马东、刘伟、王谦祥、李增瑞、郑建等,把马季老屋里里外外、仔仔细细看了个遍,并与马氏家族的人合影留念。临走时姜昆打开车窗对送行的父老乡亲说:"大家回去吧!下次来一定给父老乡亲说相声!"这篇散文还获得了孙犁文学特别奖。我觉得从散文的角度,这两篇东西我还是比较满意。

柴巍:都是充满了深情厚谊。那么这个散文集和前些年出版的短篇小说集《摆渡》,您觉得又有什么不一样、又有什么变化了吗?

张伯苓:《摆渡》这个小说集与《窝头河的春天》这本散文集,我觉得虽然它们都是文学艺术的表现形式,但首先是体裁不同:一个是小说,一个是散文。二是细节不同。散文重在结构,形散而神不散。小说重在细节,句子通俗易懂,使读者每根神经跟着作者的思路走。三是特点不同。散文注重表现作者的生活感受,情感真挚。小说主要是通过故事情节展现人物性格。四是手法不同。小说主要依靠虚构,散文主要记述真人真事。短篇小说集《摆渡》二十一篇,有原型、有普遍的乡愁乡音,但没有一篇是真人真事,都是通过多次想象加工、创作,把普遍的现象和事物的特点凝结在一个人物和事件上,使其具有源于生活又高于生活的典型性。散文集《窝头河的春天》七十篇,都是真人真事,没有一篇是虚构杜撰出来的,而是在真实的基础上通过人物、景物的提炼创作、加工,使其更有可读性、欣赏性、文学性。五是内容不同。小说集是写我从哪里来,散文集是写我往哪里走。短篇小说集《摆渡》所描述的事件与人物,都是我出生后在老家那种生活的感悟,具有厚重的人文情怀和乡愁、乡韵、乡风、乡音,有的小说追溯到远古时期。比如,像《摆渡》集子里的《摆渡》这篇短篇小说,讲述了民国时期、解放时期、新中国成立时期这三个时期的一个摆渡老人的人生经历。那么《窝头河的春天》七十篇作品,写的是1975年我从老家农村出来,到县城打工步入社会，一直是窝头河与我相伴相随，激励着我成长、激励着我进步。比如工作迷茫时，看一看窝头河的浪花、两岸摇曳的杨柳、逆流而上的鱼群，就豁然开朗，解疑释惑，增添了信心和力量。是沉淀了几十年的经历和感悟，就像窝头河的河水奔腾不息，有时不能自己，一定要把它写出来，来报答我的故乡，报答关心我、培养我、提携我的领导、朋友、老师、同事和我的贵人。我要特别由衷地感谢党，如果没有党组织的关怀和培养，没有组织上给你搭建的大平台，你何德何能从事这么多部门、这么多领域、这么多工作、接触这么多人，来施展才干，为人民服务，为弘扬中华优秀传统文化做点事情。不能，绝对不能！如果没有党组织的关怀，同志们的帮助，自己什么都不是。从某种角度讲，《窝头河的春天》就是在党的领导下形成的工作印记，只不过以我个人的视觉与经历，说景、说情、说人、说事，七十篇作品串联起来，就是在党的阳光雨露滋润下的一幅多彩画卷，冥冥之中，这本书的出版，也是向党的百年华诞奉献的一份礼物。

在这本书的首发式上，我说了几句发自内心的话，也是我写这本散文集的初衷：我心感我，我写我心；人心感我，我写人心；党心感我，不忘初心。

柴巍：张老师刚才所提到的《窝头河的春天》，也与小说集做了比较。所以，《窝头河的春天》在您的写作生涯中，也有着非同一般的意义吧？

张伯苓：有意义。最大的意义是满足了我的一个创作心愿，在小说集《摆渡》出版发行以后，我就想以窝头河的名字，写一本散文集，来歌颂故乡宝坻。这样两个集子珠联璧合，形成姊妹篇。同时，这本书写完了，也是我的写作生涯当中的第六本书，也有六六大顺之意，可以做收官之作，没有遗憾了。

柴巍:啊？收官之作了？张老师我从您的言谈举止中,因为我跟您也接触过,也有幸因为作品采访而结识,一路走来感受得到您对写作的热爱,对生活的这种感激。您的写作都是带着一种感恩呀！对家乡、对自己、对党、对生你养你的土地,一直怀着这样的一种心情去写作,我觉得作品必然是有温度。

张伯苓:我就是个普通的农民,我从农民这个队伍出来的,我对故乡的感情、对本地的感情,说实在的是很留恋的。

柴巍:是刻在骨子里的,这个表达也是非常直白的,而且是很赤烈的。时代在进步,家乡就像您说的家乡也在发展,还有很多的故事会上演,一定会有更多的灵感和素材值得我们去挖掘。好的,今天我们就散文集《窝头河的春天》跟张老师先聊到这,也希望您多保重,给我们带来更好的作品,好吗？

张伯苓:谢谢！谢谢你的鼓励！

柴巍:好的,张老师再见！

第四章　名家书名

墨香融在文字里,名家题字更芬芳。我这前半生,一共出了六本书。很幸运,这六本书的书名,都是由中国文化艺术界著名的人士题写的。有人会说,你这一个基层的文学爱好者写的书,怎能有这么多名家给题写书名? 常规来讲,这些疑问确实有些道理。但这绝不是沽名钓誉,就我这么个小人物想钓也是钓不来的,何况他们都是文化艺术界响当当的名家大腕。虽然与自己多年的人脉有些关系,但更重要的是他们看重故乡宝坻这块底蕴深厚的宝地和书中深厚的乡土文化、乡土中国的内涵,所以才欣然动笔,一挥而就。时任文化部副部长董伟先生,在中国剧协工作时,我们因搞青年演员环渤海评剧电视大赛就相识,纯粹的君子之交,他也非常了解我,更了解宝坻这块深情的土地。在他的大力支持下,就弘扬中华戏曲曲艺文化方面我们一起合作,在全国做过几件有一定影响的大事。他欣赏我浓厚的文化情怀和办事执着的做事风格。当我的《荧屏里的评剧故事》即将出版时,他主动提议让名家题写书名并给予推荐。我懂得,作为文化部的副部长,他的着眼点在于弘扬地方的优秀传统文化,更是有意扶持一下这个他非常信任的基层文化文学爱好者。在我的印象中好像请名家题字都要花钱,我这六幅字一分钱没花,要是花钱我真的花不起,我更不可能花钱请名家去题字。与其说题写书名,更是名家对乡土文化、戏曲文化的一种肯定。

按着六本书出版的顺序,介绍一下名家题写书名的背景和背后鲜为人知故事,感谢他们给我这么多温暖的鼓励与激励。

一、邵华泽的祝贺

邵华泽先生为我的新闻通讯集题写书名。

这本通讯集是收集我从事新闻工作三十多年在中央和省市主流媒体发表的三百多篇消息、通讯、报告文学、新闻特写、调查报告、小说、诗歌、理论文章等新闻作品的集合,更是记录了宝坻改革开放以来的厚重历史,具有重要的史料价值和新闻价值。因为是第一次出书,没有经验,书稿整理出后,等了两三年的时间也没有出来。时任新蕾出版社社长、后任天津出版传媒集团副总经理的纪秀荣女士得知后,委派社里的高级编辑刘艺青女士为我编辑,并很快出版。

因为很早之前,我就是《人民日报》的通讯员,和老社长邵华泽先生结识并建立起密切联系,他了解我,时常关心我。这本通讯集截稿后,我在电话中向他汇报:"邵社长,我想出本自己的新闻通讯集,天津分社傲腾社长写的序言,想请您给题写书名。"并把集子构成的情况向他做了详细汇报。他听说我要出版新闻通讯集非常高兴,笑着说:"这集子出得好,祝贺你!傲腾给你作序，我来给你题写书名。"在电话里他就爽快地答应了。邵社长后来又担任全国新闻工作者协会主席。要知道邵主席不仅是新闻家、理论家，更是著名的书法家，他的字漂亮极了。

过了几天，他的秘书给我来电话："邵主席题的书名写完了，请您到家取来吧！"电话中我就非常兴奋，转天驱车来到邵主席家里。邵主席见我来了，从书房拿出他题写的"张伯苓新闻通讯集"八个隽永秀气的大字，还飘着墨香。邵主席笑着对我说："这书出版后，你给我寄三本，要存档一下。"这是邵主席的惯例，只要是他给题写的书名，出版后都要将新书存档。第一次出书，就得到文化名家的题字，我的内心发热，高兴劲儿无法形容，更激起了一种奋进的力量！

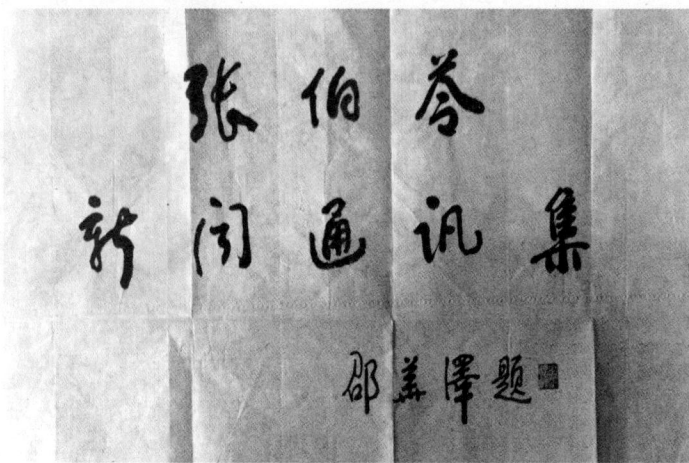

邵华泽题写《张伯苓新闻通讯集》墨宝

二、墨宝里的师徒情

马季先生是我们宝坻人，因为乡情，在他生前我与他接触很多并建立了深厚感情。他去世后，为了深切缅怀他，自己暗下决心并承诺，一定要从家乡视角为他写本书。经过三年不懈努力，这本书终于写成了。

早知道曲艺界姜昆的书法最好，他又是马季先生的弟子，我的内心就产生了这样的想法：请他题写书名该多好。当时我和姜昆老师还不太熟悉，就委托时任中国曲协主席刘兰芳给通融一下。刘兰芳告诉我："过几天曲协要开会，我也去，咱们一起和姜昆见个面。"当时姜昆是中国曲协分党组书记、副主席。

那是一个星期三的下午，天气很好，我如约来到了在北京东三环边上的中国文联大楼，在楼道里就听见姜昆老师在会议室讲话的声音。刘兰芳主席在她的办公室给我沏好茶，"你稍微等会儿，会议马上就散。"会议结束后，我和刘兰芳来到姜昆的办公室，刘兰芳给我做了引荐。我向姜昆介绍了这本书的大意，以家乡情缘，为他的师父出书，他听了后非常高兴。姜昆说："刘主

席和我说了,都写什么?"我当即拿出纸条,"马季与故乡""马季生前与身后"两幅字。姜昆问:"两幅字都写吗?"我说:"都写,书名最后由出版社再选定。"出版社最后选定的书名为《马季生前与身后》。"好,我现在就写,你好拿走。"说完,他工工整整地铺好了宣纸,一边搅墨一边目视着宣纸的位置,拿笔的手好像比写别的字渗透着一种情感,这是给写师父的新书题写书名,眼中也充满深情,好像心里正在与师父马季说着什么。他铺好宣纸来回走了两步停下来后,拿起毛笔,工工整整地写下这两幅字。跃然纸上的两幅墨宝,遒劲有力,非常漂亮,墨香充斥了整个房间,夕阳透过窗户照射进来,给两幅墨宝附上了厚重的色彩。我当即握住姜昆的手,连连道谢!

不久,在北京广电酒店举行的新书首发式上,庄重大气的背景,就是新书的封面,马季先生的头像和姜昆老师书写的"马季生前与身后"的七个大字相映生辉,为首发座谈会营造了浓厚的师徒文化色彩,更为这本新书增添了浓重的韵味。姜昆老师刚进会场,人们交口称赞,众弟子对恩师马季先生的深情厚意,全部写在了脸上,蕴含在这墨宝里。

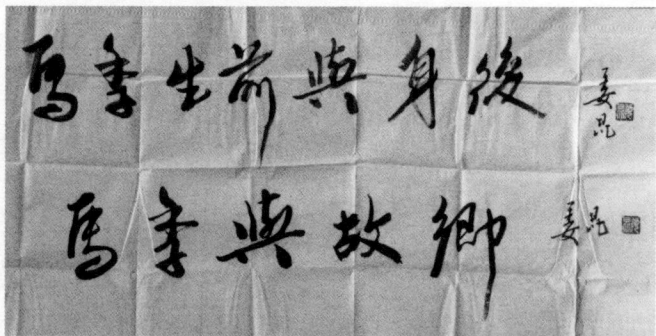

姜昆题写的《马季生前与身后》墨宝

三、董伟引荐尚长荣

《荧屏里的评剧故事》这本书,有幸得到了时任中国戏剧家协会主席、著名京剧表演艺术家尚长荣先生题写的书名。这个引荐人就是董伟先生。

我在宝坻电视台工作时,开办了主打弘扬评剧艺术的栏目《开心双休日》。宝坻是评剧的发源地,更是评剧之乡。后来此栏目又与中国戏剧家协会、天津电视台、宝坻电视台三家联合主办了"首届环渤海专业院团青年演员评剧电视大赛"。那时董伟先生在中国剧协任党组书记,主持工作,他对这个大赛高度重视,对一个区级电视台主动操办这么大规模的赛事,高看一眼,从扶持地方评剧事业的高度打破惯例,减免了二十万元的挂牌费,亲自审核赛事方案,提出了很高的标准,并亲临大赛现场指导,为获奖选手颁奖。大赛搞得极其成功,在中国评剧界产生了强烈反响。因此董伟书记对宝坻的戏曲文化有了比较全面的了解,对我本人也抬爱有加。

其实,这本书在完稿后,我就请中央电视台著名主持人白燕升先生做了序。燕升我俩也是以戏结缘,彼此之间感情深厚,在近四千字的序言中,他对宝坻电视台评剧栏目的肯定、对弘扬中国戏曲艺术的无限情怀和期待,都渗透在字里行间。完稿落款时间:2010年8月28日于北京。要知道,8月28日可是燕升的结婚日,落款用这个圣洁的日子,也充分表达他对中国戏曲事业的热爱和我们之间的深厚感情。

这本书记录的全部是电视评剧栏目《开心双休日》里的评剧故事。起初,我想请著名评剧表演艺术家古文月老师题写书名,可古文月老师非常谦和并和我详细解释,自己不会写毛笔字,请您千万理解,婉言谢绝了。古文月老师自称是宝坻的女儿(《杨三姐告状》与赵丽蓉搭档扮演杨三娥),是我们最亲密的老朋友,我也非常理解,不能强人所难。

一次,我去文化部见到了董伟部长,他听说我写了评剧栏目的书满脸笑容,"白燕升都作序了,这样吧,请剧协主席尚长荣先生给题写书名!"我说:"这能行吗?"他说:"你是为了弘扬评剧艺术,又不是宣传你自己,没问题,我找他!"听着董伟部长的坚定语气,我的心里坦然了许多。

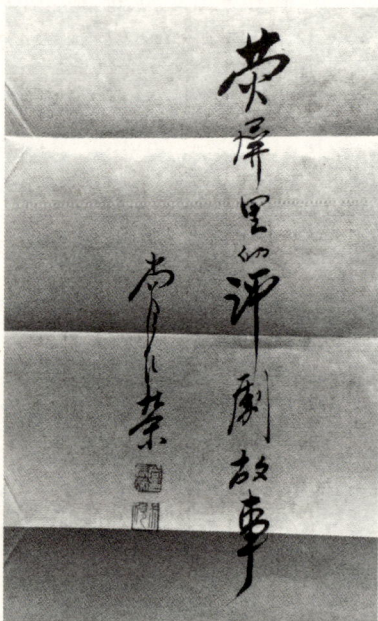

尚长荣题写的《荧屏里的评剧故事》墨宝

176

时隔两天,董伟部长打来电话告诉我:已和尚长荣主席说好,你就直接找他吧! 并把联系方式告诉了我。我急不可耐,撂下董部长的电话,就给尚长荣先生挂通了电话,老先生在上海京剧院那边,电话里是那样的平易近人、和蔼可亲,"张先生您想题什么字呀?""尚主席,就题'荧屏里的评剧故事'八个这字。"我说。"没问题,写好了给您寄去。"我说:"谢谢您,太谢谢您了。"尚主席说:"别客气,应该的!"

　　果真,那天快递到了我家,送来了尚主席的一封信。打开信件,"荧屏里的评剧故事"八个字的墨宝映入眼帘,见字如人,这字写得太有韵味了,不愧出自京剧大师之手。而且老先生写了横竖各一幅字,为出版考虑得这么周全、周到。我当即回电,感谢尚主席。尚主席和蔼地说:"别客气! 别客气! 您看看行不行,不行我重新写!"我说:"写得太好了! 太好了!"放下电话,我心中有些激动,拿着尚长荣先生的墨宝,一股暖流涌遍全身,真切感受到了尚先生那种儒雅、谦和的风范,京剧大师为评剧新书题写书名,这可称得上戏曲界的一段佳话。

四、巧遇徐沛东

　　这是十二年前一个秋天的周日,在宝坻籍画家孟庆占的北京画室,来了三个特殊客人:时任文化部副部长董伟、中国曲协主席姜昆、中国音协党组书记徐沛东。他们利用休息时间,以个人名义,到这里参观指导,也是我的有意为之。

　　孟庆占是故乡宝坻的光荣,著名画家、中国艺术研究院特聘

研究员、天津市美协副主席。作为一个家乡人，我有责任推介、宣传宝坻的文化名人。我曾带庆占到文化部与董伟结识，董部长对庆占的画艺业绩赞赏有加。事后我曾邀请董部长有时间到庆占北京的画室视察指导，董部长很爽快地答应：找个周日看看去！姜昆、徐沛东两位艺术家，更是有着很深厚的书法之功，对书画艺术情有独钟，董部长也一起邀请二位前来，才促成了此次庆占老师画室之行。

看到庆占画室墙上挂的画作，大家都赞不绝口，徐沛东说："孟老师的墨用得太好了，哪天我到这儿得向孟老师好好学习学习。"看着他对画作的精道点评，就知道他是个书画大家。见此情景，我随即把《马季生前与身后》新书首发册页拿出来，请徐先生笔墨留言。徐先生听说我给马季先生写了新书，当即在册页上挥毫泼墨，大气磅礴的四个字"艺以载道"跃然纸上，包含着他

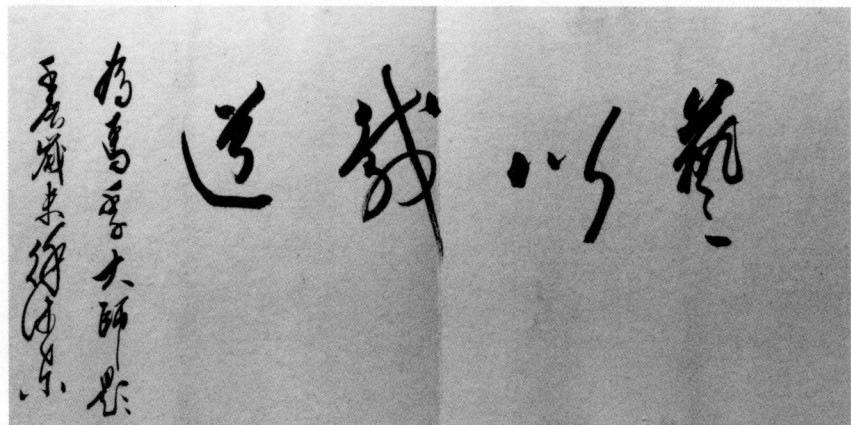

徐沛东册页题字

178

对马季先生的无限情怀，又展现出他的书法底蕴与风格。我暗暗自喜:"写得真好! 写得真好!"

此刻,我灵机一动,计上心来,虽然有点唐突或贪得无厌之嫌,但这么好的机会绝不能错过。于是 我走近董伟部长身旁悄悄私语:"徐沛东先生书法写得这样好,可否让他给我即将出版的新书《潮河心曲》题写个书名呀?"董部长知道我写这本书,沉思一下,连连点头:"可以! 可以! 你就跟他直接说!"当我把题写书名的事向徐沛东先生说出后,他看看我,顿时有点疑惑,"写的什么书呀?"我向他详细说明,这是一本诗文选,主要写的是家乡的景致和人文情怀。不知谁说了一句,可能是姜昆老师说的吧:"《潮河心曲》,你这个作曲的,题写这书名最合适。"在场的大家都惬意地笑了。他转过脸看看董伟部长,董部长顺水推舟,"这书挺好的,你就给题了吧!"

听了董部长和姜昆的话,徐沛东先生脸上露出笑容,"没问题!"他转身对我说:"我们都有故乡,我欣赏你的这种家乡情怀,不过题写书名,我得思量思量,回去再写!"话

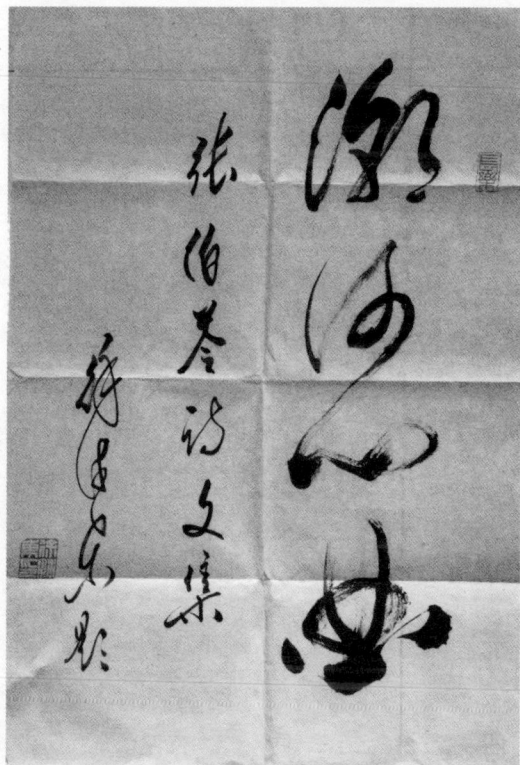

徐沛东题写书名墨宝

179

语间，我看出了他对题写这个书名的重视程度，他对家乡故土同样有着深沉的情节，可能是题字的事也勾起了他对自己家乡的联想，不能太随意，要思量思量。如果不是太看重的话，现场笔墨都有，当场写完交差也就得了。他没有，他没有这样做，一定要回家去写，思绪中的用意不言自明了。徐先生肯定是个重情重义之人。

原来这书名就想让编辑从电脑里选几个字就得了，因为是临时动议，请名人题写，拖延了出版时间，出版社也几次催促，我和他们说："好饭不怕晚，徐先生既然答应了，不会有问题，何况他工作那么忙！"

不久，一幅"潮河新曲"的墨宝寄到了我的手中，成了封面上最靓丽、最耀眼的地方。出版社看到这幅字高兴至极，真是个大艺术家，字写得这样好，为这本书抬点，增强文化内涵。

五、莫言与我合影

"旧欢新梦里，闲处却思量。"辛弃疾《临江仙》里这一诗句，充分表达出我此时的心情。退休以后，恍惚中出现了一个奇特的现象：想过去的事、童年的事多了，而且挥之不去，脑子里翻腾似海，产生了一定要把它写出来的冲动，这就是我的第五本书——短篇小说集《摆渡》——写作的真实背景。感谢这个"冲动，"把浓浓的乡愁用文字记录下来，更感谢这个"冲动"，使我真正迈进了文学创作的门槛。

那是初春的一天，我来到了文化部，见到了董伟部长。他听说我写小说了,很是高兴,问我需要他做什么。在老领导面前我就不藏着掖着了,斗胆提出:是否能请莫言先生给题写书名,这本小说集都是记录宝坻地域特色的乡愁,莫言先生也是以写乡土题材著称,不过人家现在是诺贝尔文学奖获得者,名头太大了,我这个小小基层文学爱好者有点儿自不量力、不知天高地厚了吧。董部长摆摆手对我说:"你不了解莫言。莫言先生非常平易近人,再说了,你这个退休后的官员能动笔写乡土小说,他会支持的。"董部长越说情绪越高:"如果莫言能题写书名,那我再和作协何建明主席说说,给你这本书做个序!"我当时高兴得不知所措,"这能行吗? 莫言、何建明两位先生可都是中国作协的副主席,两人分别是诺奖、鲁奖的获得者,一本书'双料'大题,我受之有愧呀!"董部长说:"你已写了四本书,我都看过,具有满满正能量,应该没问题。"

莫言题写书名墨宝

他让我把书稿寄给何建明,同时写个小说集题字的简单说明,让他的秘书姚达联系莫言先生。不久何建明先生的序言写来了。在序言中,他深刻阐述乡土文化、乡土中国的重要意义,并对我这个退休官员写文学作品给予鼓励。

莫言先生在题写书名中还出现了一个小插曲。一天,姚达秘书给我打来电话,"张主席,您的小说集莫言先生同意给题写书名,可您这书的名字《磨眼儿》让莫言题有点问题,莫言先生觉得,莫言题写'磨眼儿'有点儿不太合适,您可否换个别的书名吗?"我说:"好的,我考虑考虑。"《磨眼儿》也是我的短篇小说集的一篇,具有浓郁的乡土气息和在磨眼儿中发生的故事,体现了乡里乡亲中的文明和小说集的内容。姚达秘书给我打来电话后,我才幡然醒悟,觉得莫言先生题《磨眼儿》确实有些不妥。我翻了翻集子中的作品,觉得用其中一篇《摆渡》做书名更好些。摆渡,在中华传统美学上讲"渡人渡己",是一种大爱,它更概括出小说集中"我们从哪里来,往哪里走"的历史文化传承。书名更改后,莫言先生很快题写。于是我即刻到文化部取来莫言题字。真是大家风范,他不仅小说写得好,书法更有特点。出版社见到题字后,迅速进入排版印刷。

作者与莫言合影

　　新书出版不久,北京国子监举行"吴悦石、莫言、杨华山三人行书画展",我和孟庆占老师一起观看展览。因为知道莫言先生出席开幕式,我俩九点前就赶到了国子监。莫言先生正在贵宾室,新闻媒体记者里三层外三层地围着他采访。我们见势挤了进去,"莫言先生,感谢您为我的这本小说集题写书名。"我当即把新书送到了他的面前。莫言先生脸上露出了笑容，"你就是小说集的作者?"我说:"是的,谢谢您,谢谢您的题字!"莫言说:"没事! 没事的! 这本书是送给我的吗?"我说:"是,就是送给您的!"来之前,我在扉页签上了自己的名字,"请莫言先生笑正!"在现场,我和莫言先生合影留念,记录了这个不凡的日子。

六、姜昆二次题书名

《窝头河的春天》与《摆渡》相对应,形成了自己的小说集与散文集的姊妹关系,也是我用宝坻真实的河道名称,描写故乡、歌颂故乡的作品。

这个散文集一个最大的特点,是以自己的视角说景、说情、说人、说事,与其说是自传体,不如说是在真实的基础上,上升到家国情怀的抒怀与描述。七十篇作品,有三分之一的故事涉及曲艺文化,尤其是对马季弟子姜昆、赵炎、刘伟、冯巩、笑林、王谦祥、李增瑞、韩兰成等都单独成篇地呈现他们对相声艺术的贡献以及对马季故里宝坻的热爱。曲艺文化、名人文化在集子里可占半壁江山,书写的名家达二十几人之多。

集子成稿后,我反复思量,这个书名非姜昆老师题写莫属,虽然《马季生前与身后》是他题写的书名,但这个书名他一定会给题写,因为集子里的好多故事都与他有关,更渗透着他的情愫、情感,有些事情就是在他的大力支持下形成的。我和姜昆老师交往这么多年,知道他是一个重情重义之人。

思考之后,我驱车来到北京昆园。那天他很忙,接待了好几拨人，还与几个青年相声演员座谈相声创作，忙的不可开交。看见我来了，姜昆老师抽出时间，起身向我走来。"伯苓，你今天急急忙忙地来有什么事吗？"姜昆问。我说："我想出一本散文集。"姜昆边听边兴奋起来，"前两年出了小说集，现在又出散文集，你这写作神速啊！书名我来给你题，题什么名字呀？"我说："就题'窝头河的春天'六个字。"我把这个书名的含义详细地向他做了汇报。姜昆非常赞同，"写家乡、赞家乡，用家乡的河流来体现春天的青春律动和活力象征，好好！这个书名好！我这就给你题。"

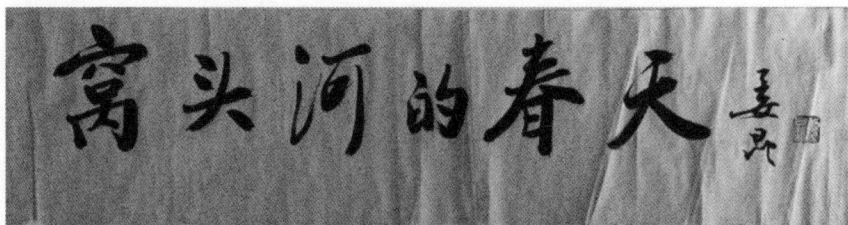

姜昆题写"窝头河的春天"墨宝

来到书房，他摊开宣纸，用笔搅墨，一挥而就。"窝头河的春天"六个大字，朴实无华，工工整整，熠熠生辉，散发着浓浓的墨香。我赶快把写好的墨宝放在案板上的空闲处晾晒。当我回过头来，他把四尺整张的宣纸又铺开一张，我说："这字不都写完了吗，您还写？"我话还没说完，姜昆老师又大笔一挥，竖写两行字：小说摆渡记录乡愁，散文窝河唱响新曲。右上方题：为伯苓新书出版贺，左下方落款：辛丑春月 姜昆。写完他抬头看看我，笑着说："连祝贺都有了，你拿走吧！"没想到姜昆老师会这样，我想说点儿感激的话，姜昆老师拍拍我的肩头说："快回去吧，我这儿还有好多事！"

2021年4月9日，在散文集《窝头河的春天》新书首发座谈会上，姜昆老师的发言道出了他题字的缘由。他说："在出版这本书之前，伯苓到我那去了，让我给题写书名，当时我就提醒自己，这字要符合伯苓文章的朴实无华的文风，不能显示自己在书法上的怎么怎么样的文雅，要写得工工整整，体现伯苓的风格。"停了停他接着说："伯苓的书我都读过，这是一本散文集，前几年出版的《摆渡》是一本小说，其实伯苓的这两本书，是为故乡宝坻作了一个曲，唱了一首歌，我们大家如果看到他书中的音符，我们就知道伯苓对故乡有多亲！"

当时，在首发现场听他这充满深情的一席话，我眼睛发红，心中激起的暖流一个劲儿地往上涌。姜昆老师对我在写作上的这种用心用情的扶持，自己真有一种"犹有报恩方寸在，不知通赛竟如何"的感觉。

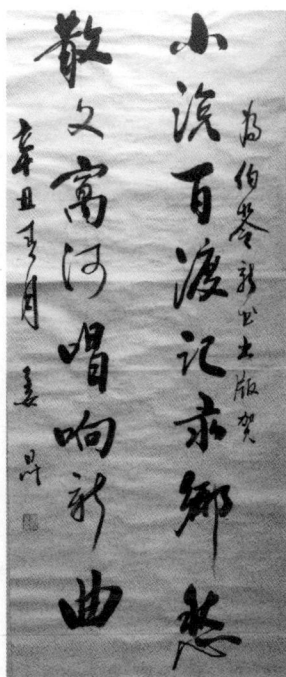

第五章　作品附记

　　作品附记,说白了就是把自己六本书以外,觉得很有意义的事件收集记录在案,以此为主题服务或者说为《渠水情》做一个注解,让人们多角度、多维度地去认识书中内容。

一、散文选摘

　　在这一部分中,选摘了三篇新创作的散文,它是我的感悟与感动。说感动,是因为《宝坻画家画姜昆》,让姜昆认可一个农民画家给他的画像、创作马家军群像及诗配画长卷,这实属不易。姜昆先生什么画家没见过,给他画像的画家也不计其数,可单单认可农民王会给他画的像。这也充分说明宝坻书画界人才济济,宝坻宝地人杰地灵;说感悟,是因为《客厅稻香》,是写乡土的一种文化情怀。老家土地上生长出来的水稻,也是在自己儿时玩耍的那片田野长出来的,它带着泥土芳香,成了我家客厅里大瓶上最具生命力的景致,浓浓的乡愁和金黄色的稻穗,相互呼应,让你流连忘返,其乐无穷。看到它就想到故土,看到它就魂系故土!而《渠阳乡情长卷来》,又以诗配画的形式,把家乡民俗文化展现得淋漓尽致,表达了拳拳之子对故乡的无限热爱。

宝坻画家画姜昆

2023年4月9日上午,春和日丽,花香扑面,北京昆园学堂出现精彩一幕:一个个头儿不高、有点儿土气、头发花白、崇拜姜昆的老年粉丝,抱着几幅为姜昆作的画像来了……

这是何许人也,他怎么能为姜昆作画?其实他就是非常低调的年近古稀、不讲装束、不修边幅的宝坻乡民画家王会。别看他没有入这个"会"那个"员"的,却是一个很有实力的画家,他要想折腾,冲自己的本事,弄个全国美协会员都有可能。此人乃天津工艺美院的高才生,在县评剧团当过舞美,拜在宝坻新中国成立后名气较大的集书法、绘画、工艺美术于一身的艺术家王光亚门下,并成为他的第一高徒,艺名"彩生"。因为平时不甚张扬,本地人都知道他是画画的,却不了解他的真功夫。

我和王会先生都是宝坻本地人,知道他是艾迪广告公司的老板,会画画,平时爱抽烟、爱喝点小酒儿,但接触不多。2015年退休后,我才跟他有了较多接触,因为自己除了写点东西外,也想学学书法,有时也向他讨教讨教,这一来二去地就熟悉起来。

王会这人最大的特点是好交,人性宽厚,不为名不为利。他平时卖画很少,画的画大部分都送人了,而自己却不存画。他的一个观点是:这画存在家里没用,不如送人可以挂起来让大家欣赏。因此向他求画也不用考虑太多,请他喝点小酒就心满意足了。说实话,我还真没请过他,因本人不善喝酒,每次向他讨画,就送他两瓶酒、给他两包烟,他满脸笑容,乐享其成,要是给钱他会和你急。

自己虽然不懂画,与他接触多了,对他的画风也有所了解,开始喜欢上他的画。心想这个王会，潜力不小，他究竟有多大本事，我得照实探探他的底。一次，与之闲谈："我这写字也是三天打鱼两天晒网，你激励激励我好吗？"他深吸一口烟，随后吐出一圈一圈的烟雾，仰头望着升腾的烟环，洋洋得意地说："咋可以刺激你？"我说："我写《兰亭序》，你给我配画，完事给你点儿酒喝。"他说："你别老提烟酒的事，你写完我给你配画不就得了吗！"我说："咱一言为定！"下午我就开始临摹《兰亭序》。三个多月，我写了五十多幅，从中挑出三十幅让他配画，花鸟、山水、人物、牛马猪猴羊虎走兽，一应俱全，个把月的时间，他全部给我配全了，顿时让我眼前一亮，这画艺了得，尤其是人物画，那真是画绝了。因为我属马，他属羊，这小兄弟为了表达情谊，马羊图也跃然纸上，这太让我感动了。本来还有几幅让他配画，可实在不好张口，他也看出了我的心思：别装了，快拿来吧！

配画后的《兰亭序》作品之一

在书法作品中，人们都很看中写《千字文》《心经》之类的作品，当然更有《兰亭序》。我心想，党的二十大快要召开了，为什么不可以写写伟大领袖毛主席的光辉著作"老三篇"呢？那是中国共产党人的座右铭，以此作为迎、庆党代会的真挚礼物，让王会配毛主席像该多好，不知他能不能画。王会听了以后，并没有豪言壮语地表态，"拿来吧，准让你满意。"

我到文具店买来六尺整张的宣纸，开始书写毛主席《为人民

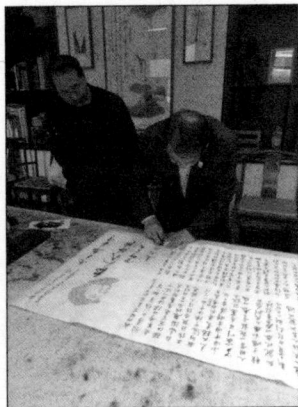
姜昆题写"为人民服务"

服务》《纪念白求恩》《愚公移山》。三篇作品写成了，虽然这字没有真正入王会先生的法眼，但也给了一点"飘扬"鼓励。不想一周之后，他打电话告诉我，毛主席及张思德、白求恩、愚公的像配完了，你拿去吧！

我火速开车到他的公司，见到王会配的像我惊讶了，三张作品配上了六幅画，尤其配画的毛主席像，出神入化，与我们在20世纪70年代看的画报上、报纸上、墙壁上画的头像一摸一样。王会说：那个年代，我在剧团专门画毛主席像，他老人家的光辉形象早已渗透到我的骨髓里。说起画主席像，他胸中好像能喷发出汹涌的热浪与情感，灵魂深处那种对领袖的崇拜连笔尖都知道往那个方向走。此时，王会的这种情感似乎都融在作品里了。相比之下我的字写得太不相称了，虽然也尽力查字典往毛体上走，还是太粗糙了。可我也留了个心眼儿，三篇光辉著作的题目我没有写，因为跟姜昆老师比较熟悉，想由他题写。听说姜昆能给题字，王会高兴地眉飞色舞，"姜昆能给题字，姜昆能给题吗？"我说："就冲着这三篇光辉著作和你配的主席像，应该没问题。"

原来王会也是个相声谜，特崇拜姜昆，对《虎口遐想》《新虎口遐想》《电梯风波》等相声段子，如数家珍，令我大吃一惊，"王会老弟，真没想到你还有相声这种文化情怀。"说完我立刻产生了一个想法，"你的人物画这样好，要不你给姜昆画个像呗！"王会当时有些犹豫，"姜昆是大名人，我怕画不好。"我说："没事儿，你先画，画得像就给他，画得不像就不给他。"我们老哥俩经过密

189

王会创作姜昆肖像
"大家风范"

谋,就画三张画:姜昆个人肖像,侯宝林、马季、姜昆上首届春晚像和他们三人的"三笑图"。央视春晚到今年已经四十周年了,也是个很好的纪念。因为这是王会第一次尝试给名人画像,他格外认真,尤其是画他最崇拜敬仰的姜昆。

画画完了,他傍晚急急火火地把画送到了我家,往桌子上一放,"你看像不像。"我打开一看,画得太像了,尤其是姜昆的像,惟妙惟肖,风度翩翩,两只眼睛炯炯有神。"这像画得太不可思议了,这就是你画的?""不信拉倒,画就摆在这儿。"他抽着烟,嘴里吐着烟雾,两眼得意地瞅着我。顿时我对他刮目相看了。激动之余,我也提笔在首届春晚画、"三笑图"上,用毛笔写下"首届春晚,三代笑星,师徒接力,勇毅前行"和"相声三巨轮,传承血脉魂,晚辈学前辈,精彩扬笑声"。王会把烟头在鞋底上蹭灭,笑着说,这样写好!这样写好!

晚上我把这三幅画分别拍照,虽然前些日子姜昆老师在题写《为人民服务》《纪念白求恩》《愚公移山》时,称赞这主席像画得好,但我心里还是没底。姜昆那可是全国知名的大艺术家,什么没见过,王会的画他能认可吗?我考虑再三,采取了技术处理,先发中华曲艺群,看看群里的反映,如反应不错,再将画作照片发给姜昆老师微信。不想群里纷纷点赞,给予高度评价,"画得太棒了!画得太棒了!好风采,太传神了!"不一会儿,姜昆老师也在群里发出敬意的人物动画。我心想,这画成了。当我还在沉思中时，姜昆老师微信直接问我，"这画家是叫王彩生吗？"答复后，他又来了语音："他画得太好了，那幅画我的画，他画得最好。"并让我带着这个画家到北京来。我即刻把这个喜讯告诉王会，他有些激动，"真的假的？你别逗我。""真的，我能给你开这玩笑吗？明天咱俩上午带着画，十一点到昆园学堂见姜昆老师。"

王会大老早就来到我家，他开着车，我俩就直奔北京方向。到了昆园学堂还不到十点，外边的花香反衬着满眼的春色。姜昆十一点钟才能返回，趁这个空我带着王会在整个昆园学堂参观了一遍，他大开眼界，从照片、文字、文物中走马观花地了解了中国曲艺历史。这时，姜昆匆匆赶来，我向他介绍了画家王会老师。姜昆满脸笑意，"你的画画得真好！"我说："拿来几幅画都挂在书房里。"姜昆说："走，看看去！"我们移步到书房，三幅画作非常醒目，画得最好的还是姜昆的肖像。姜昆站在他的画像前笑容满面，他指着画对王会说："几个人都给我画过，你的这幅画得最好！"他重复起在微信语音和我说的话。几个人都给他画过，说得轻松，那可不是一般的画家。终归是相声大家和书法大家，对他和侯宝林、马季一起参加首届春晚和"三笑图"的画作，在肯定的基础上，在构图、用墨上提出建议，"侯宝林先生这个画得有点儿年轻，这眼睛再画得稍微大点儿、老成一点就更好了。"他称赞马季老师这幅画得非常好。

交谈中，姜昆老师看到我在画作上写的几句话，也点点头。我说："'首届春晚'和'三笑图'"的画您给题几个字吧。"姜昆说："好，这就写。"他抬头看看我说："写什么字好？"我说："春晚这幅就写'薪火相传'吧，'三笑图'，您看着题。"姜昆倒墨润笔后，一蹴而就，"薪火相传"四个大字跃然纸上。看着题字和画作，又让人们想起首届春晚，侯宝林站在舞台中央指着马季，他是我的徒

弟,指着姜昆他是马季的徒弟,介绍师承关系的深刻记忆。看着
"三笑图",他沉思片刻,就写"曼倩遗风"吧!边写边讲这四个字
的含义,我们相声的鼻祖是东方朔,他的大号是"曼倩"。"曼倩遗
风"适合这幅画的含义。看着他边题字边讲述,让我们醍醐灌
顶,增长了好多历史知识。

首届春晚画作

　　姜昆老师的字太漂亮了,瞬间提升了画作的档次。在这之
前,我用半年时间抄写了《共产党宣言》,觉得王会太辛苦了,没
好意思再打扰他,就请天津美协副主席、著名画家孟庆占老师配
画马克思、恩格斯,我把这幅作品也带去了,顺请姜昆老师题写
题目。"伯苓,你把《共产党宣言》都写下来了!"我说是,让孟庆占
老师配的画。他说:"庆占的画配得不错,能写下全文更不容
易。"随后他挥笔写下了"共产党宣言"几个字,为这篇世界共产
主义运动的经典作品题写上了书法题目,连同"老三篇"的题字,
对我来说,这四篇红色书法作品将永远珍藏。

　　此间,为了感谢王会的画作,姜昆老师把他最得意的亲笔漫
画侯宝林大师头像作品送给了王会,并与他合影留念,把王会激
动得不知所措。

　　初春的阳光从窗户洒进室内,浓烈的花香与墨香融合在一

起，在开怀的笑声中散发着曲艺之美和相声艺术的无穷魅力。此时，姜昆老师眼神中好像又多了几分对这个乡土画家的深情与信任，微笑着对王会说：如果方便的话，你可以把相声“马家军群像”画出来！

三笑图画作

我听后喜悦至极，又有些忐忑。喜悦的是姜昆老师这个设想太完美了，平时马家军弟子们都是大忙人，一人不差地聚在一起照个合影是不可能的，况且马季先生又走了多年，只有用画像把师父与弟子连接在一起来完美体现师承关系，光大相声事业；忐忑的是，这是一个大的系统工程，王会能不能完成这样的任务？只见王会稀疏花白的头发闪动着，两手揪着敞开的衣襟喃喃地说：“我试试看！试试看！”王会没有把话说死，给自己留了退身步，我的心才舒缓下来。不然在姜昆老师面前把话说死，画不好或者画不出来那得多尴尬。

姜昆题写“共产党宣言”

说话间，时针已指向中午十二点了，我俩执意想回去，姜昆老师说什么也要留下我俩吃顿便饭，他早已安排妥当，炸酱面。“快动筷，别客气”，他又是帮我俩扰炸酱，又是往我俩的碗里拨菜码，让我们吃了一次地地道道的北京炸酱面。悠长的炸酱面，把相声大家与这位宝坻乡民画家紧紧地联系在一起……

返回的路上我问王会："马家军群像你能画出来吗？"王会说："应该可以，不过你得给我把马季先生的弟子姓氏名谁的照片、排位都给我找出来。"我说："这没问题，我来办。"经过精心筹划，王会用了半年多的时间，"马家军相声群像"在他的手下脱颖而出，丈二巨幅画作，把马

孟庆占配画马克思、恩格斯

季与十七个弟子跃然纸上，人物造型活灵活现，大气磅礴，让人看了非常震撼。姜昆老师在群像画上亲笔题字："薪火相传繁星谱。甲辰吉月，马季先生诞辰九十周年，彩生画作群星捧月图，姜昆题。"用这种艺术形式表现相声人师徒群像的艺术成就与魅力，在中国曲艺界首开先河，独一无二。此卷诞生之时正值马季先生诞辰九十周年，姜昆与王会深情联手合作，并将原作捐献给马季艺术馆作为重要馆藏。想必一这幅画作定能载入史册。

王会画作 马家军群像

2024年4月20日

194

渠阳乡情长卷来

唐代孟郊《登科后》诗句："春风得意马蹄疾,一日看尽长安花。"《渠阳乡情》这部诗配画长卷的产生,虽然与这诗句不尽相同,也略含大同小异。自己虽有浓厚的乡愁情怀,但从没想到用这种方式去表达。因本人一不会作诗,二不会作画,自己虽然出版过一本诗文选,可总觉得有些作品还没有超脱顺口溜的味道。真正萌生出这样的想法,还是因为姜昆先生的一句话和王会给姜昆老师画像、绘制巨幅"马家军群像",让我动心。

2023年的一天,我来到王会的画室聊天。提前我是有些思想准备的,姜昆老师在我的新书《窝头河的春天》首发式上说了一句话:"伯苓的这本新书,是为故乡宝坻作一个曲,唱了一首歌。"姜昆先生这句话,让我联想到王会的画艺,心想,把乡愁用一幅诗配画长卷表现出来该多好!

阳台谈长卷

推开房门,只见王会正抽着烟,美美地在阳台上观景。这个长廊阳台,上边挂着多个鸟笼子,下边摆满了各种花草,鸟语花

195

香的景致扑面而来。对着鸟笼子，王会正惬意地与鸟唠嘴互动。见我来了，更来劲儿了，"看我这花，看我这鸟，在城里楼房阳台上也找不出第二份儿。"我知道王会的脾气，表扬他得拿捏好分寸，最好反着说，刺激他一下才能达到好的效果。我说："你先别吹这个，世上万物你都能画出来那才算本事，养几只鸟就这么嘚瑟。"王会笑了，"你今天来肯定有事儿，别在我这绕圈子了，快说！"见此，我借坡下驴，"是的。我想搞个反映咱宝坻乡愁的诗配画长卷，我写你配画，能行吗？"随后我不屑一顾地瞟了他一眼。王会脸色有点红涨，"要是答对不了你，我还是王会吗？"这时鸟笼子里的鸟冲我们喳喳地叫着。"你看这鸟都看不过眼儿了，笑你夸海口，这次与往不同，是命题作文，你是要按照诗文含义去配相应的画，全得是原创。"我严肃地对他说。他绷着个脸对我说："你真是小瞧人，跟我走。"他拿起车钥匙，下楼开车到另一住所。进屋他一句话不说，从书柜里拿出几卷子画，冷冷地放在我面前，"都在这，给你看！"打开后我惊呆了，全是古画。我说："你从哪收藏了这么多古画，这得花多少钱啊！？"他笑了，"不瞒你说，这是我仿古的作品。"而后又洋洋得意地点燃了一根烟。我说："这全是你画的？《五牛图》太逼真了，也是你画的？"他蔑视地对我说："你以为呢？"顿时我对他有些仰慕。

　　王会也是农村出身，对乡愁有着浓烈的情怀。我俩形成高度共识，我写他画。王会冷笑着对我说，"不过你能写诗吗？"我说："写不好，顶多是个顺口溜水平，不过能把意思写出来足矣，再说不是有你的画衬托吗！"这时王会自豪地笑了。

　　我从提兜里拿出我出版的《潮河心曲》这本书给他看，"咱就以这个为蓝本，从这里选些段子，不够的我再创作。"王会重重地点点头。其实弄这个长卷，从我的心里讲，一来是想表达对故乡的情怀；二来也想用这种形式最大化地把王会的画艺全部挖掘出来。他是埋在土里的金子，太有才了，只不过过去总是零散地画这画那送人，形成不了自己的代表作，他要把这乡愁的长卷配上画，一定是他的艺术上的一个标志和代表作。

回去以后，我在家里开始策划运作，从《潮河心曲》中选出三十一首，自己又新创作了三十二首，形成了《渠阳乡情诗配画长卷》的乡间童趣、乡间农事、乡间风景、乡间文化四个部分。从2023年开始，我闭门创作并书写。自己虽然练了几年书法，这字还是长进不大，我就一边写，一边查书法字典，因为这是写家乡，我不敢懈怠。我喜欢王羲之和毛主席他老人家的字，翻着字典像临帖一样照猫画虎，几个月竟写坏了两支毛笔，孟庆占老师得知后，还热情地给我提供了写长卷的专用纸。到2024年4月初，历经近一年半时间，终于把这六十三首诗、近六十米长的思乡长卷用文字写出来了，送给王会配画。

王会看后有些激动，"你这功夫可没少费，配画小菜一碟，你就瞧好吧！"我斜视他，"别老吹，画上见。"我知道王会还是艾迪广告公司的经理，有很多业务，他面热，尤其是给姜昆画像之后，求他画画的人很多。可在繁杂的事务中，他还是把长卷配画作为重中之重，因为这里有他浓烈的乡愁。我童年生活在宝坻大洼的八门城地区，他童年是生活在宝坻城北的高上地区，尤其是童趣部分的诗句，与高上地区有所不同，我就给他说词解意，复原场景，使之准确配画，诗画达意，相得益彰。

4月中旬，已是花开满园，王会把第一部分"乡间童趣"十八幅画配完送到我家，打开一看，我真是眼前一亮，这既是诗配画的连环画，又像电影胶片那样逼真震撼，尤其是《打冰柋》《打片瓦》《滑脚凌》《弹球》《打箭杆》《推铁圈儿》等，活灵活现，将失去的童趣场景跃然纸上。激动之余，我真想拥抱王会。之后，他每配完一卷，我就取回一卷，每取回一卷，就装裱一卷。他越画越好，《牵端》《担水》《挖渠》《轧场》《吹唢呐》《皮影》《花会》《三杆大旗》等，人物与场景融合复原达到无以复加的程度。这近六十米长卷，上百幅画作，都是原创，涉及花鸟、山水、人物、走兽、鱼虾，一应俱全，不知他背后要下多大功夫，更展现出他的无限才能。我暗叹，王会人才难得，他要是入流，一不留神宝坻再塑造出一个大艺术家来也有可能！此时，我不由自主地笑了。王会看看我，"你笑啥?"我说:"笑你有才!"王会说:"别逗了，我知道自己几斤几两!"

4月13日，马季艺术研究会年会暨第五届马季相声论坛在天津师范大学举行。12日下午，我提前赶到师大，把姜昆主席交给王会画的"马家军群像"带去。晚上，当打开比丈二还长令人震撼的群像画，姜昆老师很激动，脸上露出不同寻常的笑容，"王会真是一个人才!"他边看画边说:"我拿回去题字，仿真几张，给马老师的我们这些弟子每人一幅。"马季先生生前，这些弟子和先生都很忙，不可能聚在一起照张全家福。姜昆老师深谋远虑画群像的想法却得已实现，这更是他心里一份浓重的情意，马季先生的在天之灵和众弟子一定会高兴的。

看完群像，姜昆老师意犹未尽，就此，我又说出创作《渠阳乡情诗配画长卷》的事儿。姜昆老师好奇地问，"你是想把过去甚至失去的那些乡愁情景，用这种形式全部表现出来?"我说是的。他很兴奋。姜昆先生20世纪六七十年代，十几岁就去黑龙江北大荒兵团下乡当知青，对农村生活有着很深的情怀，对大师故里宝坻更是情有独钟。还没等我把话说完，他就打断了我:"这卷名我来题。"我说:"那太好了，笔墨纸张我都带来了。"

姜昆题写长卷卷名

姜昆主席有个遛早的习惯,大清早他就给我打电话:"伯苓,七点之前到餐厅。"吃完早餐后,我和姜昆老师来他的房间,他在茶几上一气呵成,写了同样的四幅字"渠阳乡情",落款:姜昆题甲辰三月。他有意把时间往前提一个月,与我们创作合拍,展现早春气息。长卷分四个部分,每个部分为一卷,每卷卷名都是"渠阳乡情"。此时,阳光已经射进室内,与墨香浑然一体,"渠阳乡情"四字墨宝更加熠熠生辉。

著名美术评论家王振德先生,我们都是同乡,听说我要做这件事非常支持,我新创作的三十二首诗作,他指导点拨,重点作品还亲自修改,并说:"弄完后,我来题跋。"我高兴至极,作词、配画、题跋都由宝坻人来做,这才更有意义。

第一卷"乡间童趣"装裱出来后,孟庆占老师晚上亲自到我家来观看这幅长卷,赞不绝口,评价颇高,作为天津市美协副主席,眼神中对故乡王会这个艺术人才给予期待。第二天,我和庆占一起去王振德先生家中,当打开长卷后,振德先生喜出望外,"这长卷太震撼太漂亮了,就是一幅宝坻原汁原味的乡愁图,这样的长卷全国都少找。以诗为引领，配画锦上添花，您这不仅为宝坻，也是为王会先生做了一件事，配画延伸出来他的代表作呀！"我说："是的，您题跋要给王会先生多鼓励，重点评价评价他。"

看着耄耋之年的王老师，老伴刚出院不久，我也有点心疼，原来只想让他题跋首卷就得了，以引领其他三卷。可王老师兴致很浓，乡情很重，他说："这四卷我要分别题，每卷一个角度。"不愧是全国著名美术评论家。看了首卷后边还附了两张空白纸，我说："您题完，后边留些空间让庆占题，这叫师徒珠联璧合，具有说服力。"振德、庆占高兴地笑了："好，好！"四卷全部装裱完后，天津师范大学钟英华校长、天津非遗保护协会会长李治邦、天津视协主席蔡晓江、天津美协副主席、学者画家李毅峰分别点评，高度评价。李毅峰还欣然为第四卷"乡间文化"亲笔题跋《渠阳颂》，表达对长卷文化的赞美。

王振德先生欣赏点评长卷

几位艺术家、文化名家的点评、题跋专业精准，理论功底深厚，书法行云流水，不仅对诗画长卷这种独特的方式记录乡愁，为故乡宝坻留下浓墨重彩的文化遗产高度评价，而且也渗透着他们对宝坻的深深爱戴之情。

说实话，我和王会都已近古稀之年，他比我小一岁，我属马他属羊。看着长卷的题跋,让我深受鼓舞,感动之余我也释怀了,终归我们没有白费功夫,了却了一个心愿,得到大家认可,为乡土文化添了一点秤、加了一片瓦。

7月3日,应姜昆老师的邀请,我到北京王府井书店参加《中国曲艺经典》发布会,我把长卷也随身带去了,心想到时方便的话,让这些文化大家给指点指点,提提意见。征得主办方同意后,我把长卷放在了书店的展柜上。发布会后,与会者看到长卷兴奋不已,觉得这种表现民俗文化的形式很有创意。国务院参事室文史业务司副司长杨文军绕卷而行,满脸喜悦,不时驻足,赞不绝口。姜昆老师送走与会者,疾步赶来,看见长卷落笔成真高兴至极,虽然已到中午时分,但他一卷卷看得还是那么仔细,望着赋予乡土气息的诗句和配画,脸上不时露出深情的笑容。他指着"乡间文化卷"宝坻文化名人马季、赵丽蓉、董湘昆、浩然的画像,对王会说:"这几幅画得真好!"

莫道桑榆晚,为霞尚满天。尤其是王会老弟,在艺术的道路上默默无闻了多年,却因长卷名声鹊起,转眼之间,又到了"樱桃红、芭蕉绿"的艺术旺季,我为他高兴!

杨文军(右)观看长卷　　　　姜昆(左)观看长卷

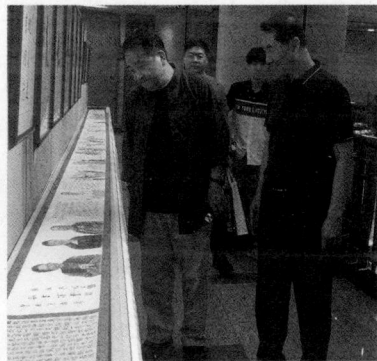

写于2024年8月8日

客厅稻香

家里的客厅中有个红色花纹的大瓶，很是鲜艳。大瓶中间是小桥流水的图案，小桥两侧排列着五颗胡杨，茂盛的树冠升腾着十朵花环，活灵活现，寓意十全十美。

每年到了春节，家人总要插上各具特色的假花，虽然带来些生机、营造了节日气氛，但总觉着它不接地气，好像走路没有根底，唤不起乡愁，与瓶面上的底色不相协调。

癸卯秋日，回老家一趟，看着公路两侧、村口河边稻浪翻滚，一片金黄，生机勃勃，大地上的万物生命力真是太强了，美轮美奂地演绎着季节变迁，大自然的刻度让它拿捏得那么准确、那么神奇。秋收了，我让村里的小波赶快下田，选长得最好、最长的稻穗给我割两把拿来。小波问我："您干啥使，多给您割点？"我说："不用，就两把。"第二天，小波拿着带着泥土芬芳的稻穗，送到家里。看着老家土地上长出的稻穗，立刻有了亲近感，似久别重逢，双手把它接过来，抱在怀里，插入大瓶。扑面的稻香立刻散发着，金色的光芒闪烁着，装满了厅堂，生机一片。

瓶口上的稻穗

202

看到尺把长的稻穗，在大瓶上均匀地矗立，继而弯腰在瓶檐下，形成了金色的圆弧，籽粒饱满的穗头似镶嵌的颗颗椭圆型的珠宝，弯腰飘洒着，如金色的链子在瓶口下摆动，给人心旷神怡的感受。置身这客厅，好像变了一个天地，因为它注入了大自然的活力。

看到这稻穗，又联想到了童年。儿时的家乡，记忆深刻。我国水稻种植虽说历史悠久，可我最初了解稻谷是从"粳子"开始的，就是旱稻，产量很少，但它生命力强，不需要多少水分就能生长，"吃粳米干饭过大年"，就是当时人们对"粳子"这种奢侈品的俗称。20世纪六七十年代，毛主席他老人家号召全民兴修水利，我们这些娃娃们，也参与其中，与天斗、与地斗，其乐无穷，"干支斗毛渠"遍布田野，机井、闸涵、排灌点、扬水站星罗棋布，旱能浇、涝能排，整个农村翻天覆地来个大变那样儿，产量突飞猛进，村里才种上了水稻。20世纪八九十年代的"荒改稻"，盐碱荒地里愣是升腾出成方连片的金色，又把水稻种植推进了一大步，洼地成了名副其实的稻乡。那时，徜徉在这绿色如毯的水稻田，我们挽起裤腿，在这里薅草、打逗、摸鱼、嬉水，看瞎狮子、水猴、蹦蹦嘎（稻田水中小动物的俗称），百态游动，赏稻田里的鸟语、听稻田里的虫鸣，与稻结下了不解之缘。收割的时节，大人拿起镰刀割稻，我们戴上红领巾在地里捡稻穗，为生产队做奉献，集体主义的思想可牢靠了。"一把一把的稻穗"，成了我儿时抹不掉的快乐记忆！

看到这稻穗，又联想起不尽的乡愁。因为这稻谷就置身在家乡的那片土地上，看到它就看到了村子的整个轮廓、村人们的那种质朴、长辈们的那种豁达、年轻人的那种气质、河流的那种奔放、树木摇动的那种舒缓、庄稼生机勃勃的那种坚实、乡土文化的那种厚重。这稻穗就是家乡的一个缩影，看到它就想到家，看到它就到了家。魂牵梦绕的乡愁，都融在这稻谷里，让你有了许多灵感与牵挂。

看到这稻穗，又联想到我们现在的日子。水流千尺汇乡间，稻穗绵长闪金黄，这一稻传承的无穷力量，惠及了今天的好日子。这神奇的土地唤起今日家乡的以稻而兴、以稻而名。村里的稻田，早已一望无际了，那些旱田早已成为水田，村庄安卧在绿毯之中，成了一个点、一个标识、一种风景。这些年，大米、白面成了农民的家常便饭，现在要改一改，大米更成农家餐桌不可撼动的霸主。优质水稻年年翻新，袁隆平杂交水稻在这里熠熠生辉，工厂式育秧、现代化播种、智能化管理、精细化加工，使稻谷的附加值与日剧增，大把大把的钞票装进了农民的口袋。家乡宝坻四十七万亩水稻之乡，成为全市水稻面积的近半壁江山。流转土地为哪般，水稻成了金饭碗。乡村振兴，水稻挺进，文旅融合，共进共融，稻渔、稻蟹高唱着田野里优美的音符，让那些远道而来的成群的城里人，也要躬身邂逅、参观游览，赞美你的舞姿，夸奖你的品相，许多人还在你的辖区里玩起钓蟹、钓鱼游戏，带走你的芳香。你那铺天盖地的景色让他们流连忘返，你那金贵的品质让他们赞不绝口，你那清香的味道让他们垂涎三尺，不用副食就是一顿美餐。五谷杂粮都是生长出来的，这就是生命力之所在，你的生命力更是如此，吃在嘴里可以焕发出一种无形的精神力量，因为你有情，因为你有意，攀沿在这块乡土上，你坚贞不移、始终如一、无怨无悔、奉献着自己。故乡以你为福，故乡以你为喜，唱着稻歌扬眉吐气！

望着瓶口的稻穗，我深情满怀，把你放在客厅的正中间，是因为穗头里那籽粒饱满的稻谷都是希望的种子，明年秋收后，新稻穗又会插在这里,延续生命,接续吉利,看到你就想到飘香万里,吸吮到了故乡的神奇!

今年春节,我们和你一起大过年,客厅里喜乐无比!

写于2024年元1月16日

2024年6月28日刊登于《天津日报》

二、散记兰花分外香
—— 《刘兰芳的艺术世界》序

这是我第一次为别人写序,而且是为记录著名评书表演艺术刘兰芳的新书作序,虽然水平有限,但他是我的真情实感,我是用心写的,载入书里,也是个念想。

卯兔年2月28日,阳春初上,王印权老师给我打来电话,说是刘兰芳的助理邵秋实,写了几十篇散记《我给刘兰芳当助理》,想出本书(正式出版书名改为《刘兰芳的艺术世界》),让我给写个序言。当时我有点儿蒙,给著名评书大师刘兰芳著书让我作序,我哪有这个资格和能力呀!王老师对我说:"别客气了,你了解刘兰芳,作序没问题。"王老师这样信任,我也不好推辞了,但心里仍有很大的压力。

翻看着这六十五篇散记,我动容了。邵秋实是幸运的,她出生在鞍山这个曲艺之乡,早年与刘兰芳、王印权夫妇同在鞍山曲艺团工作,还当过团里的报幕员。她如此了解刘兰芳,刘兰芳又如此信任她,近水楼台先得月,这种天然的缘分和缔造凝结起来的情谊,都在不言之中。翻看着这些书稿,我对邵秋实产生了敬意,这个助理太不简单了,她不仅细心、全面地照顾兰芳主席常年外地演出和出席众多活动,还能抽出时间写出这么多散记,真是个有心人、有情人,充满了对刘兰芳的爱戴与崇敬。爱屋及乌,可能是常年在刘兰芳身边耳濡目染的缘故,也使她对中华优秀传统文化有着浓重的情怀,对人、对事的痴爱,在她的心中生成无穷的力量,完成此书。终归她也是个古稀之年的老人了,产生这样的爆发力可想而知。

这六十五篇散记,文字虽然质朴,但又非常细腻,很有温度。好多故事对我来说,好像似曾相识,又新鲜夺目,每篇文章像铀核裂变,又延伸出多彩的华章,多角度地让我们看到了一个立体的刘兰芳、多彩的刘兰芳、真实的刘兰芳。这些文章,像一股清流注入我的大脑。过去总以为自己和兰芳主席相识近二十年,对她已很熟悉、很了解了,看了这些文章才真正认识到,然而那只是小巫见大巫,我对兰芳主席又有了全新的认识。

她用作品为自己立了身。兰芳主席出生在评书世家,童年开始就跟母亲、姨妈学东北大鼓、学评书,可以说中华文化早已植入她的心田。在多年的磨炼中,她把学评书、说评书看成了自己的命、自己的血,并养成了勤奋创作的作风,靠作品立身是她不懈的追求。她十四岁就登台表演,传统段子在她的艺术生涯中打下了坚实基础,在多篇散记中都有这样的叙述。20世纪80年代初,积压多年的创作能量终于迸发出来,《岳飞传》一炮打响,红遍大江南北,全国电台一个声音,全是刘兰芳说书的风采,万人空巷,连社会治安都出现好转。刘兰芳也因此被调到北京,担任中国曲协、中国文联的领导。可她当官不做官,仍把说书创作当成自己的天职。在北京任职期间,仍创作了十一部大书。

我就收获了兰芳主席亲笔签名赠送的《呼家将》《杨家将》《薛家将》《岳家将》等反映爱国主义思想的大作。

她退休后仍不停息，生命不息，创作不止。散记中披露，刘兰芳、王印权俩人早已坚定信念，制定了一年要创作出一部大书的目标，从艺六十年，他们已创作出四十部新作品。每天都要创作到深夜，她家里的电视几个月几个月地不打开。深入生活、深入群众、紧跟时代是刘兰芳创作的源泉，外出演出一有空隙，就抓紧深入当地的历史文化场馆，了解当地的风土人情，算盘、烧酒、瓷器、茶叶、名人文化以及脱贫攻坚，全部集于一心，近耄耋之年，仍然每天花费五十元，学习网络小说，至今观看一千多集。我记得她来过宝坻五次，听说文化广场有赵丽蓉铜像，大清早起来参观；听说宝坻将辽代建筑广济寺复建，并由李瑞环题写寺名，她即刻去了广济寺参观，称赞大寺建得好。当僧人心静师父介绍佛教知识时，兰芳主席侧耳聆听不时插话，还"喧宾夺主"讲解起来，那丰富的历史文化知识，让在场的佛家僧人和游客赞不绝口。她得知宝坻是京东大鼓的发祥地，与爱人王印权一起，连夜创作京东大鼓《宝坻英杰》，用京东大鼓的曲调，唱出宝坻深厚的历史文化和马季、赵丽蓉、浩然、董湘昆等名人、英杰趣事。在邵秋实的散记中，有多篇记录了刘兰芳这方面的故事。为了不断丰富自己，积累创作灵感，她把昆曲、京剧、话剧、快板等剧种曲种也吸收过来，为我所用。近些年，她创作了大量的新作品，既有历史题材的《大汉刘邦》，又有红色经典《彭大将军》《抗联故事》；既有抗击疫情作品《钟南山——百姓心中的一座山》，又有歌颂道德模范的《大孝惟忠黄旭华》《草原雄鹰拉齐尼·巴依卡》。2022年我国成功举办冬奥会，她的外孙女是冬奥冠军徐梦桃，而且徐梦桃这个名字就是刘兰芳给起的。她怀着家国情怀，潜心创作,披露徐梦桃为国争光鲜为人知的故事,成了冬奥会的宣传大使,振奋了国人精神,《刘兰芳的冬奥情结》《北京冬奥徐梦桃》等文章,全面叙述了故事的原委,让读者先睹为快。

　　她用行动为自己立了言。读这些散记,无形中看到刘兰芳服务基层、服务人民的影子,她就像一部不停的机器,总是把油门踩到底,高速转动,永不停歇,既是空中飞人,又是高铁常客。邵秋实的散记百分之九十的文章都是从刘兰芳每次外地演出坐高铁、坐飞机开始写起的,虽然写法上有些重复、刻板,但她忠实记录了主人公活动的轨迹,这些轨迹是有温度的,是有责任和使命担当的,也充分表明刘兰芳一时一刻舍不得离开她的观众的为民情结。《刘兰芳巫溪之行》《第七届道德模范巡演》等散记,都记录了她为参加演出几次换乘、空中导航的精彩片段。而《值得回味的一次出行》讲述了她有一次从北京出发到内蒙古演出,那里冰天雪地穿的都是棉衣,而后有关部门紧急通知要她去南方演出,她只得返回北京,并告诉老伴王印权把去苏州演出的行李送到机场,在机场换装,下午15点30分,直接踏上南行上海的航班,飞机到达上海虹桥机场又乘坐汽车到达苏州。

　　这么多年,刘兰芳积极参加许多公益演出和重要活动,她经常挂在嘴边的一句口头禅就是:"我是党培养出来的,要懂得感恩!"毫不夸张地说,她演出的足迹跨越了祖国的山山水水,她曾到过红色圣地、阅兵训练场、安源煤矿和偏远的山寨农村,也曾到过老山前线的猫耳洞为几个前线阵地的战士演出。她曾多次到贫困地区演出,每次演出她都深入到户,访贫问苦,她就像一个慈善使者,力所能及地帮助那些需要帮助的人。《怀远之行》披露了20世纪80年代初《岳飞传》一炮打响后,安徽怀远县县长给刘兰芳写了一封信,并派文化馆长带信邀请刘兰芳到怀远演出。

这是个极度贫困县,刘兰芳二话没说,既然群众这样信任我,需要我,我就去,并给这个陈馆长写了字据,让他到县长面前好交差。就这样,刘兰芳带领鞍山曲艺团先后在怀远十一个乡镇演出两个月,当时演出票价是一角钱,最终演出收入九万元,拿出七万元,帮助这个贫困县建起了第一个文化馆,两万元补充了团里经费。事后多年,刘兰芳又重访故地,感慨万千。

刘兰芳的演出很接地气,她总是把当地文化和新人新事现挂到自己的作品里,与当地观众产生互动共鸣。《徐州之行》叙述了刘兰芳在徐州贾汪区马庄村"文化进万家启动"活动的演出。马庄村有全国美丽村庄之说,习近平总书记考察来过这个村,其间参观了张秀英香包工作室,习近平总书记花了三十元当场买了个香包。这意外得知的故事太珍贵了,刘兰芳随即把这个故事"现挂"进作品里,赢得了雷鸣般的掌声。演出结束后,刘兰芳来到张秀英香包工作室,得知她做香包每年盈利二十万元,非常高兴,即兴给她说了评书小段,感动得张秀英赠送了一个习近平总书记来考察时买的同款棒棒小香包,可刘兰芳非要交钱,张秀英坚决不收,最后她把花了二百多元买的水晶手串送给张秀英作为留念。

年逾八旬的刘兰芳宝刀不老,依然散发着光和热。她最怕耽误时间,在出差的高铁列车上、飞机上、候机室、候车室里,也要用这极其宝贵的时间看稿子、默默背诵一两万字评书段子,这是常事。每次演出虽有侧幕条提示,但不管多长的段子,她都要坚持背下来,熟记于心,对不起观众她于心不忍。散记中有一组数据,她连续七年参加道德模范巡演,到全国各地演出高达三十多场,场场如此,尤其是《大孝惟忠黄旭华》,每说一次,都被主人公的事迹感动得热泪盈眶。

河南宝丰刘兰芳艺术馆,珍藏着刘兰芳捐赠的馆藏真品达五千多件,生动地展示出她六十年从艺的历史足迹。2021年,我有幸参观了这个艺术馆,身临其境,与这些散记遥相呼应,感慨至极,行动立言一目了然。

　　她用宽厚为人为自己立了德。我们经常听到赞美艺术家德艺双馨、先做人后学艺,可是真正配上这几个字的人又能有多少? 读了这些散记,看到了刘兰芳身上的一种境界。对待同志、对待朋友她是那样的厚道,情感真诚,外出回来总要买些小礼物馈赠亲人朋友,甚至连看门的大爷都有份儿。

曲苑兰芳　王会画作

记得 2010 年 1 月 16 日，赶在春节前我从宝坻去北京看望刘兰芳、王印权夫妇，因为刚下过雪路不好走，中午二人非要请我去吃羊蝎子火锅，并当即给酒店打电话定桌。看着热腾腾的火锅，刘兰芳说："熟了！"她兴奋地戴上塑料手套，亲自挑选夹菜，尤其是给司机选的羊蝎子最多，"黄师傅，路这么远你得吃好了！"那一幕让我至今难忘。而她对故乡更是有着深深的情怀，无论是活动、演出有求必应，每次回到家乡鞍山，总还惦记老故友、老街坊。对普通演员更是重看一眼，《廊坊演出》主动让化妆间给普通演员用，还特意给孕妇演员买补品。《鞍山春晚》为带学生她主动向导演要求增加节目。为了基层演出、为了基层观众，她曾拒绝了中国文艺界"百花迎春"大型春节联欢晚会，这可是在别人看来想上都上不去的晚会。她外出经常住宾馆饭店，可每次只要是多喝一瓶水也要自己交费用，洗衣费本来含在房费中，可她全是自己掏腰包。到安徽演出，因故后延，为了不给公家增加负担，她决定不住宾馆，而是住在儿子在安徽多月不住的潮湿的民房等候演出。看到这些文章，倒让我想起 2007 年，她来宝坻参加"马季从艺五十年曲艺晚会"演出。那天从早晨到晚上鹅毛大雪下个不停，演出接近尾声，刘兰芳主席把我找到后台对我说："区里组织这么大的活动不容易，演出结束后都走。"我说："雪下这么大，那哪行！太不安全了。"她说："听我的，我走了他们就都走了，也给你们减少费用。"那天高速路不通，这些艺术家到北京都到下半夜了，她总是这样为别人着想。望着汽车在大雪纷飞中艰难行驶，我默默地向她致敬，并为演职员的安全担心。

一篇篇散记，就像朵朵兰花，飘香万里，这些花香更是伴随着她的脚步，一步一花，一步一彩，串联成五彩缤纷的花环，升腾在她所走过的路上。她连续担任全国政协委员三届，获得第十一届"中国曲艺牡丹奖"及"中国文联终生成就艺术家"称号,其艺术简历被收入《世界名人录》《中国优秀人才事略大典》和《中国当代艺术界名人录》,谈到这些她只是淡淡一笑了之。

人是需要感恩的,一个人的成功必然要有伯乐、贵人、同事相助。刘兰芳是一个知道感恩的人。她常说:"我要感恩,感谢党,感谢时代,感谢观众,感谢家人。"所有外出演出参加各种活动,她都以身作则,树立党员的形象。文章中披露,几次企业家邀请参观并热情恳切地希望她为企业做代言人、做广告,在一二百万报酬面前她不为所动,婉言谢绝,她心里始终铭刻着"我是党培养的,要懂得规矩"。陶钝是中国曲协的老领导,更是刘兰芳的贵人,如果没有陶钝的精心培养,也就没有刘兰芳的今天。《感恩陶老》全面叙述了她们之间的情谊。纪念陶钝诞辰一百二十周年活动在山东诸城举行,刘兰芳百忙之中参加纪念活动,面对陶老的照片,刘兰芳泪流满面,发言中几次哽咽,这泪水诠释了她对陶钝先生的敬重与感恩。看到这篇散记我又想起自己参加"刘兰芳从艺五十年研讨会",亲耳听到时任天津市文联党组书记孙福海发言中提到刘兰芳的孝道之行。兰芳爱人王印权,是著名快板书表演艺术家李润杰的入室弟子,李润杰故去多年,而夫人年事已高,身体不好,兰芳主席逢年过节或是来津出差,不管多忙,一定要备好礼品,以儿媳的身份执晚辈礼前去问安嘘寒,其状感人,博得全场阵阵敬佩的掌声。

至于夫妻感情,那更是无比,夫唱妇随,妇唱夫随,轮番变换角色。刘兰芳常说,她们夫妻俩就是结合体,当刘兰芳有不顺心的事儿时,只有王印权劝说才能烟消云散,别人谁也不行。刘兰芳外出总要惦记王印权,总会给他带来礼物。男人成功的一半是女人,可对于刘兰芳夫妻俩,就得倒过来,女人成功的一半是男人。多篇散记中都有这样的描述，王印权是刘兰芳的强大后盾，无论是创作《岳飞传》，还是创作其他作品，王印权都是一个重要的砝码，没有王印权的支持，这个天平就要失衡。马街书会刘兰芳艺术馆的许多藏品，都是出自王印权之手，更是他多年细心收集整理的体现。

读了这些散记，觉得刘兰芳又是个普通人。她虽然大名鼎鼎，却没有一点儿架子。她知道自己就是个评书演员，更是一个苦出身，她的心与百姓的心贴得最近。演出时，观众与她合影从不拒绝，千方百计满足。她多次利用演出和活动间隙，到民间走走看看，在地摊上与摊主聊聊天、喝喝茶，和游客一起骑马、一起玩儿"水枪滋水"，穿上民族服装和大家起舞，即兴说上一段评书与民同乐。那种天然自成的景色就像一朵兰花，平实而又纯净，纯净得连一点杂质都没有。

看完邵秋实这些文章，让我联想起政协的"三亲"文史资料，即亲历、亲见、亲闻。我在政协分管了八年的文史工作，"三亲"史料的重要价值和"以史为鉴资政育人"的特殊意义我记忆犹新。从某种角度讲，邵秋实的这些文章更具"三亲"史料性质，如果没有她的六十五篇散记，我们就不会看到刘兰芳主席这些多彩的故事与行动轨迹，或者说这段历史会永远丢失。作者用自己的行动和笔触，补刘兰芳史料之缺、续刘兰芳史料之无、详刘兰芳史料之略，才使这朵兰花更加溢彩流芳，真是功德一件！

"烛烛晨明月，馥馥秋兰芳。芬馨良发夜，随风闻我堂。"写完这个序，我还沉浸在散记兰花分外香的兴奋之中……

2023年5月20日

三、我和董部长的文化情缘

　　早就想写写我与董伟部长的文化情缘，可又有些顾虑，他职位那么高，我怕写不好，董部长做人、做事都很低调，这也是我一直不敢落笔的主要原因。如今，他已从工作岗位退下来了，而且退休好几年了，我落笔的欲望更加强烈，觉得不写出来心里总像有个事儿似的。近日，我义无反顾地拿起了笔。

　　董部长名董伟，原文化部副部长、中国文联副主席。我与董部长也是因文化结缘，因故乡宝坻的评剧结缘，一直延续到现在。

作者与董伟（左）

　　我是2008年与董伟部长相识的。那时他是中国戏剧家协会最高领导，分党组书记。当时，宝坻电视台为广大戏迷创办的评剧栏目《开心双休日》，已经走过七年的路程，2004举办的首届戏迷擂主总决赛就非常成功，名家走进栏目又注入极大活力。何不把全国的评剧院团青年演员都吸引过来，举办电视大赛，形成戏迷与专业演员联动？当时这个想法在我脑子里就不断萦绕，局党组也形成共识。

这是一个涉及全国的评剧电视大赛的系统工程，不是小打小闹，也不是一两句话就能解决的问题，要办就办好、打出特色。经过中国文联副主席刘兰芳的引荐，初春时节，我和局长王今旺、文艺部主任白秀霞，踏着早春的青涩，驱车来到了北京中国剧协，见到了董伟。初见就感化于心，产生灵动，这个剧协书记与众不同，高挑的身材，两条浓眉下的一双大眼，炯炯有神，谈话间显得那么智慧、文雅、平和，一看就是戏曲大家。"你们这么大老远来了，快请坐！"他边和我们打招呼，边亲自给我们斟茶倒水。听说我们要搞全国评剧院团青年演员评剧电视大赛，好像有点儿不可思议。当我们把宝坻评剧之乡的发展历史和《开心双休日》栏目产生的社会影响介绍后，董书记感动了："用电视强势媒体打造弱势评剧，你们的占位高！"言语间对我们刮目相看。他接着说："举办评剧电视大赛，你们有这个想法太好了，一个区县台就有这样的意识与担当，我们剧协做主办单位。"

当时我们三位非常高兴，站起来感谢董书记。"不客气，不客气！"他摆手让我们坐下。叫什么名字呢？原来想取名"全国专业院团青年评剧电视大赛"。董书记说，现在中央对赛事把控得很严格，搞全国性的赛事必须报批，剧协没有审批权。他沉思片刻："不如这样，国家现在对环渤海经济圈非常重视，环渤海经济圈，也是评剧圈啊！北京、天津、唐山、沈阳、哈尔滨等几个全国顶尖级大院团都在这个圈里，叫'环渤海专业院团青年演员评剧电视大赛'怎么样？完全体现出国家级实力。"董书记的话让我们眼前一亮，这真是个"金点子"。

交谈中，我想起了费用问题，"董书记，我们局里是小马拉大车,中国剧协做主办单位,还要费用吗?"董伟笑了,"张局长,不瞒你说,按照一般情况是需要缴费的,你们一个小台为中国评剧做了这么一件大事情,二十万元的挂牌费免了。"我紧紧握住董书记的手,感谢连连。回来与区领导汇报后,区里给予大力支持,文化兴区就是要干点能够撑起来的大事,提高宝坻的知名度,用全国赛事擦亮评剧之乡的牌子。

经过精心准备,由中国戏剧家协会、天津电视台、宝坻电视台联合主办的"首届环渤海专业院团青年演员评剧电视大赛"在宝坻拉开帷幕,初评、复评、决评,选手们一路过关斩将,京、津、冀、黑、吉、辽六省市,十个专业院团,一百多名青年演员入围复评,十名青年才俊脱颖而出闯进决赛。同时,通过大赛也看到了我国评剧事业蕴藏着的巨大潜能,青年演员更是人才辈出。获奖的青年演员把宝坻看成了自己的福地,首个大奖是在评剧之乡取得的,无论今后走多远,这里永远是他们成名的地方。大赛在全国首创"五个第一",古文月、冯玉萍、曾昭娟等多位重量级的梅花奖得主担任评委,并举行了隆重的颁奖仪式,当董伟书记为获得金奖的沈阳评剧院青年演员李丹阳颁奖时,全场响起雷鸣般的掌声。

董伟(后排右五)热情接见参加大赛的艺术家

在接受媒体采访时，董伟褒奖大赛、赞美宝坻，赞叹区委、区政府重视文化，眼光超前。临走前，他拍着我的肩膀说："今后有什么事就到北京找我。"一句话，让我温暖至极，也感到了一种无形压力，从这位高层的眼神中，看到他对中国戏曲的期望、对宝坻评剧之乡的期盼、对评剧栏目的期待，当然也饱含着对我们的一种信任。

以评剧为缘，我与董部长从此建立了深厚的情谊，不管是他调入文化部任文艺司长，还是担任文化部副部长、中国文联副主席，只要是文化艺术上的事，我找他，无论多忙，董部长都是满腔热忱地接待我，连他的秘书对我这个乡下人都高看一眼，他知道我找部长都是文化上的大事。

2011年，我又到文化部，还没坐稳董部长就问："你到政协工作了，你们宝坻台那个评剧栏目办得怎么样啊？"我对他说："大家很努力，办得非常好，今年是栏目开办十周年。"董伟点点头高兴地说："真快，都十周年了！"我说："是呀！听说台里正在筹备庆祝栏目十周年文艺晚会，您给题个词吧。"他很谦虚，"我哪行呀，毛笔字写得也不好。"我说："中央现在这么重视弘扬中华传统文化，您就别客气了，就用硬笔写，对电视台栏目组、对评剧之乡、对广大戏迷是个多大的鼓舞啊！"董部长看看我笑了，他拿起笔，在印有中华人民共和国文化部的信笺上，写下了"热烈庆祝宝坻电视台《开心双休日》栏目开播十周年，开全国评剧电视栏目先河，当弘扬民族文化先锋。董伟 二〇一一年十月二十六日。"看来他对这个栏目的认识已印刻在心，对电视戏曲文化的支持可见一斑。他是分管文化艺术的领导，他知道这个栏目已经收录在《2008中国广电蓝皮书》中，也深深体会到栏目的实力，不然他绝对不会这样随意动笔的，因为他是文化部的副部长,对电视戏曲文化栏目寄予厚望!

这些年,我出版的几本书,大都是写宝坻乡土文化、戏曲文化、曲艺文化的,也得到了董部长的大力支持,几个书名的题字和序言,都是他主动联系知名大家所为,他了解我、信任我,更多还是出于书中乡土的文化底蕴和对我这个基层文学爱好者的扶持,这方面的故事,在本书第四章已有叙述。2021年4月9日,我的散文集《窝头河的春天》在天津师范大学举行首发座谈会,董伟部长得知后非常高兴,在电话里向我表示祝贺并给予极大鼓励,希望我今后多出反映乡土题材、歌颂人民的好作品。可以这样说,没有董部长的热忱鼓励,我就不会写成这六本书。每当我遇到盲点和困难想撂笔不写了,想起董部长,又继续前行。

2016年,我的短篇小说《羊爷逮鱼记》拍成视频小说,应导演要求,让我写个主题歌的歌词,我大着胆子写了,歌名叫《打鱼郎》,宝坻本土歌手王雪演唱。这是我第一次写歌词,心里没底,究竟行不行啊?我把主题歌的录音拿给董部长。董部长听说视频小说由天津广播电视台芳忱、著

中华人民共和国文化部

热烈祝贺宝坻电视台
《开心双休日》栏目开播十周年

开全国评剧电视栏目先河

当弘扬民族优秀文化先锋

董伟

二〇一二年十月二十六日

董伟为评剧栏目开播十周年题词

218

名评书表演艺术家刘兰芳播讲,饶有兴趣。听罢录音后,他连连点头,"不错!不错!乡土情怀,潮白河的味道也出来了,个别词的韵律再打磨一下就更好了,这个歌手也是你们宝坻人?"我说是!他说:"把乡土味儿唱出来了。"

宝坻文化底蕴深厚,名人辈出,我与相声大师马季也交往多年,早想把这一独特的文化资源做点大文章。有了初步意向,我第一时间来到文化部,董部长问我,"你有什么想法呀?"我说:"想在家乡成立马季艺术研究会。"董部长眼前一亮,"你这个想法好,马季先生值得搞个研究会,他的艺术价值很有时代性。"在交谈中,他看到我还在为谁任研究会会长犯难,脱口而出:"姜昆啊,他是先生的大弟子,又是中国曲协的领导,这个会长非他莫属。""您说得太对了,我也是这么想的,但怎么联系他,人家愿意不愿意?"董部长喝了口茶,对我说:"这你别担心,我找他。"没过几天,董部长给我打来电话,"我和姜昆说好了,这个会长他当,你直接联系他就可以了。"这下可好了,姜昆主席答应当会长,我们就可放开手脚开始运作了。

马季艺术研究会成立后,作为秘书长的我,如何按照姜昆会长的要求,策划打造这个文化品牌?2017年中央召开高校思想政治工作会议,明确提出"培根铸魂,立德树人"的重要思想,而中华优秀传统文化就是取之不尽用之不竭的强大底蕴。我知道,让更多的大学生说相声一直是马季先生的心愿,研究会就坐落在高校,而且先生的作品深接地气、与时俱进、契合大势,何不搞个"马季杯"全国大学生相声大赛?带着这个萌动的想法,第一时间,我又来到文化部,想听听董部长的意见。董部长笑了,"你这新点子不断啊!搞'马季杯'非常好,有什么需要支持的事就来找我。"有了董部长的意见,我又急不可耐地找姜昆主席,让他最后定夺,得到大力支持。

2017年9月,首届"马季杯"全国大学生相声展演在马季先生的故乡宝坻一炮打响,征集作品共一百二十三件,涉及十九个省市(包括台湾)的八十五所高校,原创作品高达百分之六十以上,受到社会各界的广泛关注。在这期间,我又来到文化部找董部长,还没等我开口,他就问我,"'马季杯'搞得咋样了?"我说效果非常好,我把手机打开,"您看,宝坻电视台把宣传片都做好了。""《马季故里'马季杯'》,这个片子是你们宝坻电视台做的?"董部长有些好奇。我说是。他说做得真不错,挺有气魄的。看着部长高兴的脸色和兴奋的情绪,我随即对他说:"9月份在宝坻决赛并举行颁奖晚会,您一定出席啊!"董部长满口答应,"没有特殊情况我一定去!"

董伟与陈浙闽 高玉葆 毛劲松出席"马季杯"文艺晚会
并为获奖选手颁奖

9月17日,连续雾霾的天气,忽然之间晴空万里,下午三点,我和区里的同志来到京津新城高速出口迎接董部长。下了高速,董部长打开车门和我开了句玩笑,"看今天的天气多好,宝坻宝地,吉人天相啊!"我也回了一句,"借您吉言!"引起大家一片笑声。董部长一行来了两辆车,艺术司司长吕育忠、国家艺术基金主任韩子勇、戏曲处处长琳琳和秘书姚达都来了,组成这么大阵容,足见对"马季杯"的大力支持。

在领导见面会上,我是第一次聆听到董部长正式场合的讲话,如行云流水,带着温度、厚度、深度,没有稿子,侃侃而谈中华文化和对宝坻的感受。没想到,他开头就把我提出来了。"我和宝坻的关系离不开你们这儿的老局长张伯苓(他一直这样称呼我)",然后他把我去剧协、去文化部就环渤海大赛、"马季杯"等几个重要事情和他联系的来龙去脉都讲了出来,并动情地说:"这么一个老广电局长、老政协副主席,对戏曲文化、对曲艺文化这么重视,当时我就对他产生敬意。身临其境到宝坻,我对这里又有了非常好的印象。"当着区里市里这么多领导,董部长这样隆重把我说出来,让我无地自容,可他对宝坻的好印象那是非常真诚的。

从那以后,只要提起宝坻,在董部长的心里好像有了许多亲近感,特别是对宝坻文化上的事更是如此。这次他把艺术司司长、艺术基金办主任、戏曲处处长都带来,其用意不言自明,也说明"马季杯"的重要性。一次,我和他提到宝坻著名画家孟庆占,人品艺品俱佳,在北京也有工作室,离文化部很近,您有空可以到那视察,给予指导。他说:"好呀,抽空找个时间,你带我看看去。"那是个礼拜天下午,利用休息时间,董部长还邀请姜昆、徐沛东一起来到孟庆占画室,给予热情鼓励与肯定。之后,天津官方举办孟庆占画展,那时董部长虽然已经退休了,依然应邀专程出席活动。

文化部长就是文化部长,在"马季杯"领导见面会上,我还领略了他对文化的深刻见解,他说:"我经常讲一句话,什么是文化啊?经济可以使一个国家一个民族壮大,军事可以使一个国家一个民族强大，唯有文化可以使一个国家一个民族伟大。所以总书记一再强调文化自信。当年马季先生的一个'拉菲克'，影响有多大，你看现在我说多少话，赶得上他的一个相声吗？中非友谊阿！去年我去非洲访问，不用介绍，我就说出一串故事，好多都取材于马季相声。我说'拉菲克'，他们很高兴，朋友嘛，马上见面就不一样了。这是马季的功劳。马季的功劳不仅如此，他的功劳多了去了。当年马季先生的相声紧跟时代。"作为一个主管文化艺术的部长，在这样的正式会议上这么说，其实，就是给马季相声做了个定论。

董部长的讲话如雷贯耳、幽默自然、功底深厚、有情有义，以全新的视角，畅谈他对文化自信的理解、对"马季杯"的支持、对宝坻的无限情怀与希望，在场的人也为之敬佩！

2023年10月，第四届"马季杯"在天津师范大学举行决评暨颁奖晚会，这届大学生相声作品质量比往届又有了新的提高。我受组委会的委托，邀请董部长出席晚会并颁奖，董部长又满口答应，可临近晚会，他的腰部不慎扭伤，很是遗憾，他让我转达对组委会的感谢，并祝"马季杯"越办越好！他在电话中还特别嘱托我，向陈浙闽、姜昆、高玉葆等"马季杯"的创始人问好，大家辛苦了！对文化事业如此赤烈用心，这就是董伟部长。

这么多年，我和董部长一直保持着密切的联系，他一直关心着我、关注着我。其实，人家那么高的职位，没啥求助于我的，总是我在求助于他，虽然都是工作上的事，但他的这种始终如一、满腔热忱地支持，令我感动。我也是个重感情的人，几次想到家里看看他，总是被婉言谢绝，"别客气，有事电话联系。"他是这么说的，也是这么做的，每次给他打电话，凡是能解决的事，都有求必应，就是当时因故没接电话，过会儿总会打过来。他的言行感染着我、激励着我,从董部长身上我也学到了好多东西。

董部长在东北梨树插过队,当过农民,他知道只有农民化,才能化农民。他曾考入高等艺术学府,之后做过大学校长。角色的转化,让他懂得做人做事的真谛,这种深深的实践烙印,从骨子里形成了对平民百姓的真挚情怀与态度。不仅对我,特别是具有文化情怀的基层同志找到他都是如此。在文化部机关,我就碰到过这样的人和事。他对人家表现得都是那样地热情、平和、贴心,总是给对方带来一种温暖的感觉。只有化自己才能化别人,赋予了他更深的文化情缘。

不笑平民找上门,只言文化上重亨。这就是董部长,这就是他的文化情缘,而这种情缘早已植入自己的心田,与之深深地连结在一起……

写于 2023 年 12 月 20 日

四、五年相声路
——电视专题片《五年相声路》解说词

2021 年的春天,对马季艺术研究会来说是不平凡的。在这个春天,马季艺术研究会迎来了她五周岁的生日。

在这期间,研究会的同志们都忙碌着,默默地做着迎庆的各项准备工作。为了形象地反映五年相声路,准备要做个电视专题片在现场播放展示。可让谁撰写解说词?请外人写吧,他们不了解全面情况,资金又非常紧张,有人提议,您是重要的发起人,又做过广电的领导工作,就您写吧。作为秘书长的我,没有退路,情急之下,只好亲自操刀,披挂上阵。我在书房伏案,用了几天的时间把初稿写出来了,得到大家的认可。宝坻融媒体中心的领导高度重视,制作人员精心编辑、二度创作,按照电视规律和艺术化表现手法,为解说词配上了精美的音乐和画面,画面优美自然,音乐编配锦上添花,恰如其分。2021年4月10日上午,在"庆祝马季艺术研究会五周年大会"上登场亮相,让与会的领导嘉宾看到了一个更加多彩的研究会,更加真实的研究会。热烈的掌声和笑脸,表达着人们的喜悦与自豪,那些珍贵的镜头又勾起人们初创时的感慨。将解说词载入书里,分享给读者。

春天是美好的。五年前,2016年的那个春天,在中国相声发展史上,必定是个浓墨重彩的春天。

2016年3月28日,由宝坻区、天津师范大学和曲艺界联合发起的马季艺术研究会成立大会,在天津师范大学隆重举行,时任宝坻区委书记、现任天津市委常委、宣传部长陈浙闽,中国曲协主席、中华曲艺学会会长姜昆,天津市政协副主席、天津师范大学校长高玉葆出席并为研究会揭牌。此时,马家军弟子们从祖国的四面八方赶来了,马季先生的家人来了,相声界的名家大腕来了,大学生们来了! 鹭鸟盘旋,绿树茵茵,大家共同见证这个点亮相声艺术、点亮大学校园文化的重要时刻!

党的十八大以来,以习近平同志为核心的党中央,高度重视弘扬中华优秀传统文化。马季先生是新中国培养出的一代相声大师,他的相声艺术继承传统、紧跟时代、适应大势,具有满满的正能量。而这一宝坻、天津独特的文化资源,引起陈浙闽、姜昆、高玉葆等决策者们的高度共识,要把马季相声艺术作为弘扬中华文化、推进校区文化、建设文化天津的重要抓手。决策者们亲力亲为,马季先生弟子们更是倾力相助,使全国唯一研究马季相声艺术的专门机构,在津门这块曲艺沃土上应运而生了。姜昆作为马季先生的第一高徒,担任会长,挂帅出征,扛起了这一标志性的大旗。而研究会成立伊始,姜昆会长、马东先生带领马家军弟子们做的第一件事,就是回故乡宝坻,寻根问祖,为师父还愿,亲吻这片深情的土地,带着师父艺术人生的精彩照片和物品回家,揭牌马家军相声艺术创研中心,瞻仰黄庄马季老宅,看望这里的父老乡亲,深结弟子与宝坻之缘、相声与宝坻之缘,打牢不忘初心的坚实根基。

马季艺术研究会作为相声艺术的一个符号,她的意义已经远远超出研究会本身,她履行的是弘扬中华优秀传统文化的重要使命。从研究会成立的那一天起,大家就牢记着这个使命,构筑起艺术创作评论、文史资料征集出版、宣传培训、笑星书画等四梁八柱,形成了会员代表大会、理事会、四个专门委员会的组织形式,克服困难、砥砺前行,连续不断地打造起艺术研究、相声展演、相声论坛、相声创作、下基层送欢笑等几大平台,高高举起了弘扬中华相声艺术的伟大旗帜。

2017年,研究会刚满周岁,在市委宣传部、文化部、中国曲协的大力支持下,在大师故里率先创办首届"马季杯"全国大学生相声展演,立德树人、培根铸魂,推进中华曲艺进校园。马季故里"马季杯",吸引了来自全国十九个省市包括台湾地区的五十八所大学的选手参展,征集作品多达一百二十三件,在全国掀起大学生相声热。时隔两年,在天津师范大学举办第二届"马季杯",更是高潮迭起,外国大学生、留学生踊跃报名,参展作品多达一百五十八件,无论是数量和质量都超过首届。两届展演,贴近生活,紧跟时代,原创作品高达六成以上,《微微一信》《梦想清单》《一样不一样》《学英语》等一批优秀作品脱颖而出,走进了省台,走进了央视,有的还入围由文化部举办的全国小品曲艺大赛,成为相声界的新秀。

　　坚持以人民为中心的研究导向、创作导向、服务导向,两届论坛的二十五篇学术论文,主题鲜明,立意高远,从学术理论层面深入论证了马季相声艺术来自人民,歌颂人民,具有无比强大的生命力。而三次到黄庄、京津中关村科技城、宜兴阜等下基层送欢笑演出,又把以人民为中心创作出的精品力作,回报人民。《马季相声会》电视栏目,请名家走进栏目,解析这些精品力作的台前幕后,回放精品力作,边解读边观看,不仅给观众带来美的享受,又成为研究会珍贵的相声史料。

　　如其他新生事物一样,马季艺术研究会也需在实践中不断探索,不断创新。实践证明,这种松散的管理形式急需注入一种有效机制,架起她腾飞的翅膀,像石榴籽那样聚合力量、资源共享。于是,由中华曲艺学会、天津市文联、天津师范大学、宝坻区委、区政府等四家组成的"联合打造马季相声艺术文化品牌"的机制形成了,并建立起联合打造领导小组及办公室,四方主要领导担任领导小组的组长、副组长,每家明确七项职责,围绕弘扬相声艺术、打造文化天津的战略目标,融入自我,上下联动,动用行政资源,纳入工作重要议事日程,给研究会以极大动能。

　　中华曲艺学会站在全国的高度,动员有影响力的艺术家、相声名家,参与到打造相声文化品牌之中,姜昆会长率先垂范,《姜昆说相声》走遍祖国的大江南北和海外,演出高达百余场。天津市文联从全市的总体布局,用相声艺术节、文艺轻骑兵、扶持"马季杯"等文化项目推进联合打造,增强软实力、影响力。天津师范大学近水楼台,建立有编制的相声办公室,借助马季相声艺术,大力推进中华曲艺进校园,精心培育壮大中华文化相声传承

226

基地。宝坻区利用自己的独特优势，通过筹建马季艺术馆等平台，不断厚实曲艺之乡的文化资源，扛起了相声、评剧、京东大鼓的三杆大旗。

有效机制，有效作为。面对突如其来的新冠疫情，"四方"一马当先，依托研究会以艺抗疫，从不同角度，用不同体裁，创作出大量鲜活的文艺作品，为武汉加油，为湖北加油。木偶抗疫系列相声更是成为疫情当中一个亮丽的文艺作品，展示出相声艺术的无穷魅力；"一座山""礼英雄""一品兰"，以书画的形式把抗疫英雄人物刻画得惟妙惟肖，被《人民日报》、新华社等各大媒体、新媒体推送。面对肆虐的疫情，因百货大楼外来感染病例，宝坻的疫情成了天津的重中之重，引起市委、市政府的高度重视。宝坻果断处置，有效阻断了疫情。联合打造各方把目光更是聚集到这里，不仅专门为宝坻抗疫创作了相声作品，姜昆、刘伟、刘俊杰等艺术家带头用视频为宝坻鼓劲，相声"马家军"还到宝坻京津中关村科技城社会实践、慰问演出，捐赠书画作品二十九幅，祝宝坻双战双胜。关键时刻见真情，联合打造的这一文化举动，温暖了宝坻九十二万父老乡亲，激起了更大的勇气和力量。

心动才能行动。马季艺术研究会聚集着一大批具有炽热文化情怀的人，他们不讲价钱、不计报酬，长年累月默默无闻地工作着、奉献着，他们当中既有年逾古稀的老艺术家，又有从工作岗位退休的花甲老人；既有青春靓丽的大学生，又有网络媒体人。为了心中的使命，他们有的身体出问题了，还依然坚守。"马季杯"、相声论坛、送欢笑下基层、相声名家从艺五十年、六十年等大型活动，方方面面的人都成了志愿者，尤其电视媒体人，更是昼夜奋战，才呈现出了画面上的精彩、作品上的精彩、舞台上的精彩。

宝坻融媒领导与编辑制作人员审看专题片

"问渠哪得清如许,为有源头活水来。"马季艺术研究会已经五周岁了,五年来砥砺前行,五年来春华秋实,无论是"马季杯"、联合打造、相声论坛、大学生相声研讨会、相声文史资料征集出版的精彩,还是相声传承基地、《马季相声会》电视栏目、立项完成国家艺术基金的精彩等,源头都是马季艺术研究会的建立,引来了这些弘扬相声艺术奔腾不息的滔滔活水,在世人面前呈现出多彩的华章。

"长风破浪会有时,直挂云帆济沧海。"面对新的五年,新的征程,我们乘势而上再出发,充分发挥广大会员的作用,以更加优异的成绩,迎接相声艺术更加美好的春天,向中国共产党百年华诞献礼!

写于2021年2月

五、立秋开机正当时

——可视广播剧《杠头田老三》开机纪实

这个"开机纪实"也是临时动议,虽然半天就成功录音完成,可前前后后,主办单位宁河区融媒体中心、天津人民出版社、宁河区文化和旅游局及策划统筹费尽心血,播讲人员的精彩表现、改编导演录制等团队的故事,令我感动不已。与其说这是一部可视广播剧,是倾力打造出的一部文艺作品,不如说它是庆祝中国农民丰收节的重磅礼物,而且这还是宁河区有史以来的第一部广播剧,意义可见一斑。一定要收到集子里,作为纪念。

夏秋之交,蓟运河碧水荡漾,两岸绿树茵茵,一望无际的稻田从宝坻延伸到宁河。早上八点,我驱车启程,因为这是为庆祝第六个中国农民丰收节特别制作的我的同名小说改编的广播剧,要在宁河开机,心情非同一般。

沿着蓟运河岸边的古河道一路前行,我的心绪与田野的景色遥相呼应,徜徉在这片多彩的土地上,令我兴奋不已。这么多年,我的文学作品也先后拍摄成视频小说和电视报告文学《人间正道》专集,网络新媒体和天津电视台先后播出。可是到外区把小说拍摄制作成可视广播剧,还是第一次。

根据我的同名短篇小说改编的可视广播剧《摆渡》完成后,在社会上引起一定影响。那天,宁河区人民政府副区长王智东回老家宝坻看到我后,提起这件事。因为他在宝坻工作多年,非常重视文化,现在又分管农业,我们之间都很熟悉。智东区长说:"把小说拍成可视广播剧,这个形式挺新颖,传播力强,今年是第六个农民丰收节,天津市政府要在宁河举办庆祝活动,您这小说还有合适的作品吗？宁河也可以做一部。"

可视广播剧《摆渡》主创团队合影

我的短篇小说集共二十一篇作品，就像自己的孩子早已烂熟于心，我脱口而出："《杠头田老三》就是反映农村和现代农业的内容，区长要觉得行，我和天津电视台陈强主任沟通一下。"智东说："您沟通吧！"

陈强主任正在做《血溅津门》开机四十年的回忆片，确实很忙。听了我的介绍后，他很高兴，"庆祝第六个农民丰收节，再忙咱也要做，为乡村振兴做点贡献。"为庆祝中国人民解放军建军九十六周年制作的可视广播剧《摆渡》，他就这样废寝忘食地拍摄，后期制作不分昼夜整整奋战了两个多月，有时凌晨两三点钟还给我发视频。我暗暗自喜，还是大台的电视艺术家，觉悟就是高，虽然退休了还是这样。

我把这个消息反馈给智东后，马上翻开自己的小说《杠头田老三》，认真审看。抬杠应该说是一种普遍的民俗文化，与生俱来，反映了人的天性，古希腊科学家阿基米德曾说：给我一个支点，我就能撬起整个地球。有人说：阿基米德就是杠精神的鼻祖。我从小就生活在农村,对村里的抬杠习俗体会得淋漓尽致,哪个村都有一两个好斗嘴的杠头。抬杠既有它的积极性,沿着正确的方向,道理越辩越明;也有它的消极性,有的会拿不是当理说,死抬杠、抬死杠,走向了反面。所以必须取其精华,去其糟粕,充分运用文学作品引导发挥抬杠的正能量。当时,我就是根据宝坻的风土人情,创作了《杠头田老三》这部作品的。

其实,宁河与宝坻原来就同属一个县,清雍正九年,公元1731年,才从宝坻梁城以东划出二百四十多个村,成立宁河县。两地河连河、地搭边,同根同祖,虽然至今分开已有二百九十二年了,现在也都撤县建区了,但血脉之源仍在,蓟运河两岸不仅语言相同,成婚联姻的比比皆是,历史上,连两个县的领导人都相互交换任职。清代宝坻知县洪肇懋先生,先在宝坻任知县,后来到宁河做知县,又回到宝坻知县的位置上;20世纪60年代,宁河人王接三就曾担任过宝坻县委宣传部部长,80年代,我在县委宣传部工作时,还接待过王接三部长的家属。近年来两区的干部交流就更多了。再说,我的老家八门城就在宝坻与宁河交界处,对宁河的情况我也有所了解,上中学时,还经常在张头窝过摆渡,到丰台天尊阁(当时改成学校)的前广场打篮球。

这次是宁河用这个本子,还是在宁河举办活动,必须体现宁河特色。文脉相连,情义浓浓。于是我连夜奋战,把小说里的相关部分,有机地插进了宁河的"七里海""河蟹面""天尊阁""芦苇画""甄乡盆罐"等标志性的东西,塑造出一个土生土长的田老三:凭着一股杠劲儿,用知识更新观念,用正义扬公道,用奋斗创造新生活,杠出了一部新时代乡村振兴的交响曲。

8月8日正是立秋,广播剧开机录制。秋天秋色秋风景,秋日秋忙秋收获。真是天意,虽然提前也没精心算计,却遇上了这么个吉祥的日子。此日开机正当时。宁河融媒体中心的韩雪松、芳忱带着宁河融媒体团队早早进了录音棚,陈强和夫人楼新亚女士也提前赶到宁河融媒。

主创团队与演播团队合影

陈强前一天对我说:您是原著作者,必须到现场指导!我没有办法,他是这部剧的编剧导演,我只能遵命。听说我来了,宁河区政协副主席康德鸿推掉了其他手头的事情,赶到了融媒体中心前来看望我和陈强主任夫妇。德鸿主席原是宝坻区文化局局长,文化情怀十分浓厚,在任时就和陈强主任联合拍摄了宝坻第一部视频小说《羊爷逮鱼记》,也是我的小说集里的作品,对来宁河拍摄可视广播剧更是赞赏有加。百忙中,智东区长热情接待了我们,对陈强团队的到来、现场指导拍摄表示衷心感谢!

过去在宝坻广电局工作时,我可没少到宁河广电来(现在改成融媒体中心了),对这里也非常熟悉,可看到宁河融媒这十几个漂亮的男播、女播,我十分感慨,这拨年轻人同宝坻广电人一样厉害,外表就给人自信的感觉。在这之前他们已经按照脚本进行多次演练,角色拿捏揣摩得非常准确,并进行了全方位的二次创作,人物台词说的都是宁河话。

上午九点，拍摄录制准备工作就绪，导演陈强对在场的播讲人员说："你们大都是播音员和主持人，这是宁河的第一部可视广播剧，既然是'剧'，那就有演的成分，不能念稿子、光背稿子，要用心说话，用你们的语言演播，刻画出剧中各个人物的心理活动与特点。"大家频频点头。可终归这是第一次，开始大家还是有点儿紧张，演播时有的同志情绪控制不住，甚至出现笑场。陈强及时疏导，"不着急，不行咱再来。"看见导演陈强这样的和蔼可亲、平易近人，没有一点儿居高临下的样子，紧张的气氛一下子消失了。负责广播剧旁白的严茂鹏，过去做过曲艺演员，播讲时驾轻就熟，兴奋地带起的节奏有点儿快。艺术指导芳忧对他说："你这个旁白，转场时可以稍微停顿一下，不要连得太紧了。"严茂鹏摘下耳机，连连点头，很快调整了过来。

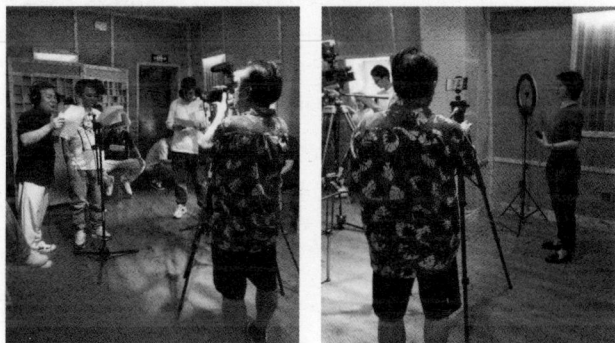

录制现场

录音棚就如球赛的赛场，十几位演播者的兴奋点调动得越来越顺了。李一帆饰演的草黄嘴、优译饰演的田老三的母亲，刘颖、运向谦饰演的少年、成年的田老三，李腾饰演的"九道湾"等，把宁河话在剧中运用到了极致。看来，这些青年才俊都是宁河融媒的骨干力量，几句点拨他们就心领神会，悟性好得出奇，播音功夫真是没得说，相互配合更是天衣无缝。"狗屁不臭！狗屁不臭！""你咋这样说你爹呀？""田老三，你就是玉米秆儿上斗蛐

233

蛐,你就是可以啊!""田老三好样儿的! 田老三好样儿的(众人高喊)!""为土特产代言,让乡亲们致富过上好日子,我义不容辞,一分报酬不要!""蓟运河两岸沸腾了,人们从心眼儿里佩服这个土生土长的田老三,田老三精神抖擞地走进了现代产业园,开始新的一天生活……"

这一段一段的演播、旁白,将剧中人物表现得出神入化。作为导演的陈强满脸笑容,边说戏、边连连称赞。楼新亚女士那也是个资深的老电视人,及时抓拍镜头,后期制作可是她的强项,又要昼夜奋战了。芳忱是从宝坻电视台走出来的主持人,曾任天津农村广播的播音部主任,《美丽乡村说》的制片人、主持人,还担任过视频小说《羊爷逮鱼记》的主播,经验丰富。在演播室她精心指导,为宁河融媒自己的这支队伍点赞! 这确实是一个地方味很浓的文艺作品,正如开播宣传片说的那样:"庆祝农民丰收节,看我们宁河自己的广播剧!"

开机录音结束,在返回宝坻的路上,秋日的庄稼在车窗外频频向我们招手致意,车窗的玻璃映照着它们的影子,那痴情的神态和真诚的笑脸儿,把我的情绪又带回到录音棚里。好像通过这次拍摄,我对宁河更加亲近了,宝坻与宁河的这种亲密关系,又升腾出一种新的解读,我直抒胸臆,写下了几句话:

蓟运河上两岸亲,宝坻宁河一家人;秦城潮河七里海,河蟹面加六瓣红;创作《杠头田老三》,同声唱响丰收情!

六、难忘夕阳花又红

老树发新芽,用在人生的道路上也是如此。以关心下一代为主旨的宝坻区老干部宣讲团,是个团结战斗的集体,虽说他们都退休多年,在家儿孙绕膝,已是进入花甲、古稀之人,正享受着天伦之乐。可一进入宣讲团,那火一样的激情和在他们身上演绎的生动故事,诠释着共产党人的忠诚。置身这十年当中,让我感怀至极。我按捺不住激动的心情,以我个人的视角,一定把他们真实地写出来,留住这十年的深刻感怀。

时间过得真快,我来宣讲团一晃十年了。除了在县委宣传部工作十九年之外,比我在电杆厂、工业局、财政局、税务局、广电局、区政协工作的时间都长,是我人生中经历的重要节点,更是退休后的一段难忘的深刻记忆。

十年的过往,十年的感动,十年的情意,十年的收获,已融入自己的骨髓。没想到我们这些老哥们、老姐妹退休以后又聚在了一起,担当起区老干部宣讲团的一份沉甸甸的责任,这是我连想都没有想过的事情。原以为退休后可好了,无忧无虑、轻轻松松,过没有任何管束的晚年生活。

庆祝新中国成立70周年宣讲进校园

花开花落能几时，老树开花更难知。事间事物多过往，只是彼时又现实。出版散文集《窝头河的春天》时，就想把这段写上，可思来想去，恐怕写得不准确、不全面，总在迷茫纠结之中。这次又要出版《渠水情》，本书具有重要的情感与谢恩成分，岂能错过。于是打破纠结，全程记录退休后的这段难忘经历——区老干部宣讲团这十年。

一

人间四月芳菲尽，山寺桃花始盛开。2015年的4月，我拿到了小红本，这是我退休后迎来的第一缕春光。清晨我迈着轻盈的脚步在河边遛弯，享受着惬意的生活。

不想，晚间手机响起，区工会老主席孙守权老哥打来电话。刚寒暄了几句，孙主席那不紧不慢、带有张力的语速即刻转入了正题：

"伯苓主席，我最近两条腿出了毛病，走道儿不方便，很难再担任老干部宣讲团团长的职责，在我们退休的这些老同志中，你来接任这个团长我觉得最合适，你这也是在帮我。"孙主席的话柔中带刚、有情有义，听后我不知所措。刚退休老领导就找上门来，让我语塞，纠结半天，才沉淀下来有了定向："谢谢老哥好意、抬爱，从咱哥们的情意看我能帮必须帮您，而且您的腿又出了问题。可这是一项重要的工作，宣讲团又是关工委的重要品牌，我这两下子真的担当不起这么重要的职责，请老哥再物色他人，咱退休的区级领导水平都很高，适合干这个工作的大有人在，他们要干都比我干得好！"我边说边向他推荐了几个人选。无论我怎么说，孙主席就是无动于衷，坚持自己的观点，电话整整打了近两个小时，我还是没有答应下来。守权主席停顿了很久，最后撂下了一句话，"恐怕这个团长还是得你当。"弦外之音——不干也得干。

236

从情感上来讲,我非常敬佩守权老哥的人品和工作能力,这么多年对我帮助很大,于情于理、于公于私我都不能这样直截了当地回绝。可我脑子已形成铁的思维定式:既然退休了,就要轻轻松松地过好退休生活。再说了,自己能力有限,又患有心脏早搏,记忆力也不行了净忘事,区关工委老干部宣讲团,在守权老哥的领导下曾获全国先进典型,要是因为我搞砸了,何以担责、何以为人?那我就真的成了罪人。电话里我虽然和守权老哥说得直截了当,相信他会理解的。

躲不过去的事终于来了。过了两天,赵继政老主席(原宝坻区政协主席)打电话说:"伯苓,有事吗?中午咱待会儿。"近耄耋之年的老主席,自己掏腰包请我吃饭,我怎能承受得起这番盛意,没空也得赴宴,不然真是不近人情了。

一进饭店的房间,里边赵继政、侯隽、张振祥三位已退休的宝坻区政协原主席正襟危坐,见我进来都露出了微妙的笑容。看来这是一场"鸿门宴"。我立刻想起孙守权老哥在电话里最后说的一句话:恐怕这个宣讲团团长还是得你当!

菜上来后开始动筷,三位主席有说有笑,眼神儿不断地向我飘来,那笑意中暗藏着一种"盘算",继政主席端起酒盅,沙哑的嗓子高声说:"咱们共同举杯和伯苓干一杯!"我说:"使不得,使不得,您把事弄拧巴了!"我立刻站起来,"我先向三位老主席敬酒!"继政主席是个急脾气,说话直来直去,"守权和你说了吧?"我说:"说了,但我实在干不了,退休的区级老领导那么多人,他们都比我强。"此时,三位老主席好像早就研究好对付我的炮弹,软的、硬的一起向我袭来,我没有舌战群儒的本事,但我坚定一条:就是干不了!继政主席一看我怎么说都不行,喝下满满的一杯酒,眼睛冒光、满脸通红,他那粗壮的大手往桌子上一拍:"你干也得干,不干也得干,就这么定了!"我也有点儿着急了:"您那么大的领导还讲点儿道理吧?"继政说:"不讲道理了,就这么定了!"他借着酒劲儿,又重复着自己的话。

谁说继政是大老粗,他是不拘小节、粗中有细,他知道只有用这种不讲理的办法才能把我拿下。看来胳膊是拧不过大腿了,老领导用这种方式对我,也是一种情分。继政主席年龄最大,虽然我俩经常开玩笑,但我从内心很尊重他,人很善良、极具魄力、粗中有细。侯隽主席就更不用说了,全国知青楷模,从儿时起就是我心中的偶像,思想理论水平和实干精神那更是没的说,平时也很关心我。振祥主席从县委宣传部我们就搭班子,是我的班长,文武兼备、平易近人、非常随和,我到广电局工作后,又是我的分管领导,2007年我们一起到政协工作,又搭班子领导我。都是这种关系,让我怎么说呀!

看着实在顶不过去了,我当即向三位老主席苦苦哀求:"继政主席您也别大手一拍就这么定了,我的实际情况您也知道,我也不能太驳您的面。要不这样,我就先干两年,找着合适的人再换我。"看我把话说到这份儿上了,侯隽、振祥主席打起了圆场,"行,那就让伯芩先干两年。"继政主席也大手一挥:"行行,就先干两年!"这时,才看到他那黑红的脸庞柔和了下来。

庄稼人有句老话儿,人只要进了这个垄沟儿,就身不由己了! 这句话还真的很灵验。宣讲团两年之后,我就找关工委主任赵继正和分管主任侯隽,"我这两年期已到了,您这人选找到了没有?"继政说:"没找到呢,你干得挺好先干着吧!"侯隽主席也随声附和。我无奈地说:"你们这么大领导,咋说话不算数呢?"他俩看看我只是嘻嘻地笑。我心想真拿你们没办法,谁让你们是我的老领导呢! 后来侯隽主席也很同情我,她也对我说:

238

"宣讲团还是要进出自愿,要人性化一点,包括其他宣讲人员。"她私下答应到年底看看情况,有新人你就走。

可是到了年底,赵继政主席卸任关工委主任,区人大常委会原主任杨宏远任关工委主任。宏远主任的睿智、为人、品行、能力,是我非常敬重的老领导,他刚上任我就撂挑子,这让我怎么向他开口,我真的过不了情面这个坎呀!便自言自语道:"沉一段再说,还是接着干吧。"一次关工委在区宾馆召开老干部宣讲工作会议,即将开会了,宏远主任找我说:"你得给各乡镇老干部宣讲员介绍一下经验。"我说:"吕文局长发言介绍。"宏远说:"你是区宣讲团团长,得从全团的角度介绍一下。"老领导说了,就得服从,这是他的一种大局观,也是对我的充分信任。

在会上我介绍了宣讲团"举道德旗、走法治路、圆学子梦、系家乡情"四课的主要内容,阐明在宣讲中要正确处理好七个关系:主线与主题的关系、基础课与时政课的关系、守正与创新的关系、关口与开口的关系、讲稿与脱稿的关系、劳与逸的关系、实际与实效的关系。发言中,下边的同志们频频点头,看来我的介绍对他们还起点作用。会上,宏远主任对吕文及我介绍的经验给予充分肯定,并说介绍的还有点哲学观点。

关工委领导与全体宣讲团成员合影

这样又过了两三年，我觉得时间上差不多了，当我即将开口时，关工委领导班子大换班，政协老主席张振祥又继任关工委主任。振祥主席我倒可以说，我来宣讲团整个过程他都清楚，可是没想到的是，分管主任也有了变动，侯隽主席改为顾问，区人大常委会原副主任王素艳任关工委副主任并分管宣讲团。这让我纠结两难。素艳主任任副区长时是我在广电局工作的分管领导，思路前卫、办事果断爽快，工作中又是那样的尊重我、支持我。其实在这之前，侯隽主席心疼我，已明确答应我，你就干到年底吧！可突然之间的这个变故，让我茫然无措，心里自然地还是荡起那句话：人家刚来你就撂挑子。情感告诉我，这样实在不妥。素艳主任知道我的这个情况后，当面对我说，我来了您不干不行！我还能说什么？一次在宣讲团工作会议上，我当着振祥、素艳和全体同志的面，半开玩笑地说："我这辈子是掉你们俩人的手里了，尤其是振祥主席，宣传部管我、广电局管我、政协管我、退了休还管我，我实在没活路了。"引起大家一片笑声。

说了这么多都是情感所致，虽然自己一直存有退下来的想法，但绝对没有因为这样的想法耽误任何工作，我的做人信条是：既然答应了这个事就得好好干，这是党的一项重要工作。

二

十载春秋，在关工委的领导下，在宣讲团同志们的大力支持下，全团勇毅前行，坚定地担当起"关心下一代 培根铸魂向未来"的使命任务，相继开展的改革开放四十年、新中国成立七十年、党的二十大、中国式现代化、乡村振兴宣讲进校园等重大宣讲活动都取得好成效，成为高一学生心中的深刻记忆，也获得全国、省市级以上荣誉称号，区委书记在有关报告上还做了批示，给予肯定。

党的二十大精神宣讲进校园

　　这十年,除了工作之外,我更看重的是我们这些老哥们、老姐妹之间那种浓浓的情感。是宣讲把我们聚在了一起,是友谊把我们团结了在一起,我们真的很幸运,退休后又能在一起享受这样快乐的生活。这种缘分是无价的,这种缘分是纯洁的。

　　在我接手团长的当天,我断然向关工委领导提出,守权老团长要做团里的顾问,这样我心里踏实。守权老哥也没想到我会这样做,但他愉快地接受了,我的心里别提多高兴了。这老哥境界高、水平高,不是那种"顾得上就顾,顾不上就不顾"的懒散式顾问,而是不用扬鞭自奋蹄的那种工作精神,为我的工作减轻了好多。他怕我有框框,不好意思冲破原来的做法,几次推心置腹地对我说,一定要放开手脚创新。可我觉得,应该是守正创新。几年来,在守权团长的领导下,宣讲工作扣紧高一学生的思想实际,充分发挥"五老"作用,形成了"举道德旗、走法治路、圆学子梦"这个非常好的思路,没有必要、也没有理由改弦更张,而是在这个基础上与时俱进。

　　一年后,在原来三课的基础上,我们又增加了一课"系家乡情",就是要把宝坻的本土文化注入孩子们的心灵,奠定一个坚实的思想基础:热爱家乡,把根留住。守权老哥高度赞扬、鼎力支持。

一个人撑不起一片天,一个团队才是行稳致远的基石。宣讲团的人事构成基本是这样的,团长由副区级退休老同志担任,团员由区正处级退休的老同志担任。宣讲团的这次人事调整,可以说是大面积的,老队员只剩下王瑞海、李鹤松、袁淑英三人。不久李鹤松因故也走了,这老兄担任多年的乡镇、区直单位的一把手,理论水平、文字功底相当深厚,还是宣讲团副团长,他走我真的有点遗憾。

　　继政、侯隽主席对我说:"缺额的队员,由你自主挑选。"给予我极大的信任,刚担任团长就面临着招兵买马的任务。还好我对退休的处级老同志比较熟悉,我很快想到了担任过文化局局长的吕文、担任过广电局副局长正处级职的程国辉、担任过商务委主任的苏华、担任过环境保护局党委书记的刘恩、担任过区档案局局长的杨宏起、担任区物价局局长的李平,后来又补充了担任过区畜牧局局长的景金刚。我与这些老同志都比较熟悉,在职时都是同僚,工作中有很多交集,有的还曾在一个单位工作、一起搭过班子,他们对我也很了解。其实这些老同志退休后家里都有一摊子事,进入宣讲团的确有难度,但我的一个电话,他们都极其干脆地答应了,让我心中涌起了一种感激,与我来宣讲团时那种迟迟疑疑的态度形成了鲜明的对比。

宣讲团例会

几年来，他们在宣讲团的所作所为更是令我感动。顾名思义，宣讲团就是要写宣讲材料，那是要拿出口笔相应的本事，这一点毋庸置疑，他们都有这个能力和水平。可终归他们都是花甲之年、古稀之年的人了。根据这些老同志的情况，上任第一天，我就确立这样的工作指导思想：玩中有意，其实就是快乐工作法，虽然叫法俗了点，但它接地气、触心绪。要把工作上升到玩儿的境界去完成，而且完成得很好，其实强调的是一种工作氛围；同时，在几次会议上我也把话说开了，对于撰写宣讲稿，阐明处理好"关口与开口"的关系。"关口"，就是只要涉及意识形态的敏感问题、背离宣讲主题要求和引用的例子与事实不符的一律不能在讲稿上出现。"开口"，就是稿子的写法和叙述等方式，对领导和同志们提的修改意见，尽量消化吸收，吸收不了的可以不接受，以宣讲人自己的写法、讲法为主。这样就给了他们一个很宽松的环境，更有利于发挥其聪明才智。

人心如叶片，一生一落，一落一生，每个光阴流转的季节，都有嫩芽悬于枝头，时常清空，才会面朝阳光，轻装而行。这些老同志，到这个年龄没有任何名利的欲望，心静得像一潭清泉，透明的底色一目了然。可他们过去毕竟都是处级，是说了算的一把手，在家儿孙绕膝，老年人的童稚也展现无遗。有时为了一个问题争论得如火如荼，甚至吹胡子瞪眼、拍桌子，不讲方式、没大没小。每到这时，我也对他们开起玩笑和善意的讽刺，"看看是不是？小小孩，老小孩，老毛病又犯了不是？我这个团长还得哄着、捧着、拢着、统着，多不容易呀，你们瞎闹唤啥？"听到我说这些话，他们也都笑了。童稚是老年人的特质，我也一样有这样的毛病。这些老同志争论、闹过去，还是完好如初，谁也不会记恨谁，况且都是为了工作。他们的心里都清楚得很，在这里与老哥们、老姐们情感上要越交越厚,而不能越来越薄,甚至伤着和气。这是退休后工作的最后一站,人情上一定要做加法,绝不能出现减法,否则,我们就白活这么大岁数了。这就是这些老同志质朴的一面。

我讲的"哄着、捧着、拢着、统着",也是经验的总结,只是一个通俗的说法,其核心就是"尊重"二字,到这个时候他们还图什么? 宣讲团也没有什么报酬,他们也不是为钱而来,这是他们心中一种崇高的事业。大家不能忘记,宏远主任、侯隽主席都有书画才艺,且身体不好,近耄耋之年,还拿起毛笔为每位宣讲团成员年节送福字、题写"精气神"和画作;大家不会忘记,素艳主任在宣讲总结会上深深为大家鞠躬的动人场面。当看到老领导的这些不凡举动时,那种暖心与感动无以言表,更是体现了老领导发自内心地对大家的一种褒奖。说白了,这些老干部宣讲员,他们所需要的就是这种尊重,只要把"尊重"二字处理好,就能在他们的身上爆发出精彩的闪光点。作为团长,我也一直坚守着这一准则。这些年,他们的工作精神和高尚品格令人仰慕,可以说是高山仰止。

记得2022年的年底,"党的二十大精神宣讲进校园"即将召开总结会,不知哪来的那种推力,我不由自主、发自肺腑地写下《五言白话说宣讲》,并用毛笔写在了宣纸上,我把这段文字分享给大家。

二十大精神进校园 五言白话说宣讲

政治大喜讯,举国同欢庆;秋风送春雨,朽木唤青春;闭幕就宣讲,一刻不迟缓;盛会大主题,贯通写讲义;宝坻两代表,融进自豪感;十月二十三,林中艳阳天;艳主做动员,瑞蔼突玉盘;银发老隽太,锦囊传帮带;守权守初心,顾问强之音;一把坐正堂,重视又振祥；花甲内自强，古稀更朝阳；五脏有残疾，脑袋谢瑶环；不做儿孙饭，家事全断然；五老扛责任，传耳亮校园；晨曦披星辰，晚归玉蟾湾；各有千秋色，都有拿手箭；老景来上岗，形成八金刚；穿插上经史，巧妙引子集；自述已过往，鲜活讲故事；动声如水潺，溪流润心田；四课成奇葩，高扬二十大；习总续领航，掌声爆天阳；率领新常委，延安宣誓言；十载新时代，三事震宇环；两个确立高，意重乾坤照；中式现代化，强国接力跑；高一步青春，学成把力孝；巨轮滚滚声，发展不可挡；台独小美帝，看你还嚣张；宣讲老益壮，苏华不能忘；临终出神稿，真正老党员；关心下一代，我们很豪迈；壬寅即凯旋，癸卯玉兔欢；关工委重任，聚首开新颜；年初定方向，年底收辉煌；老骥一颗心，炽热红太阳；老干教育局，统筹于一体；各校相呼应，同唱一台戏；庆东派少东，服务很精妙；有意又开心，风景这边好；天津老干部，上了新闻稿；领袖举旗帜，宝坻更妖娆。

向全体宣讲团人员致敬！

写于2022年12月6日晚

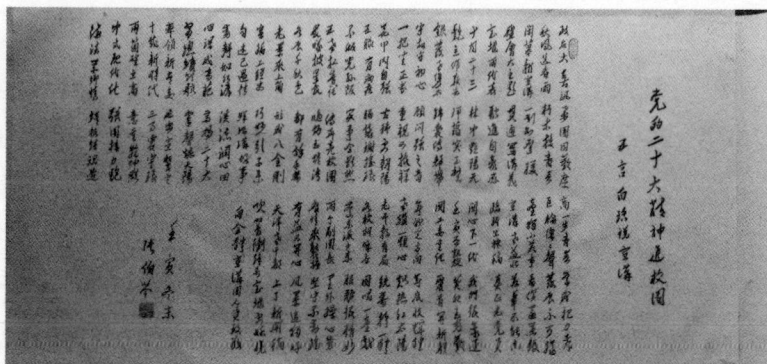

毛笔书法《五言白话说宣讲》

这只是对"党的二十大精神宣讲进校园"这个活动的简单总结,但写法上比较抽象,如"艳主做动员",还要做个解释,就是党的二十大结束的第二天,王素艳主任10月23日在林亭口高中做了个耳目一新的开讲动员讲话;"银发老隽太,锦囊传帮带",就是侯隽主席在宣讲工作中起的重要作用;"老景来上岗",说的是景金刚进入了宣讲团。这种写法虽然简练、上口,但不能充分表达我对宣讲团全体同志的感动与敬重,我要用叙事的方法与文字,完全表达出来。

三

纵观十年宣讲工作能够持续前行,老同志们发挥了重要作用、焕发出巨大能量,概括起来就是"三有":心中有党、心中有情、心中有爱。这是托起宣讲工作的基石和强大的底气,犹如山泉滚滚、喷薄不息、耀目光辉!

心中有党。这是刻在宣讲团每个成员心灵永不变色的积淀。这些老同志在党的思想沐浴下多年,特别是在毛泽东思想的哺育下,早已坚定为党工作、为党奋斗的坚定意志。

守权顾问,潜心研究宣讲工作,每次审稿会上,他那如数家珍地精道点评,让人肃然起敬,给大家留下了深刻印象。

我们的宣讲虽然形成了"举道德旗、走法治路、圆学子梦、系家乡情"的基础四课,但每年根据形势需要,宣讲的主题上都有新变化。也就是说,四课讲稿不是一成不变的,是与时俱进的,每次确定重大主题的宣讲都与当前的形势紧密结合,都得重新立题起草稿件,上万字的稿件同志们不怕辛苦、精益求精,毫不马虎。遇特殊情况,这些老同志不辞劳苦,积极参与区委重大主题和社会有关部分的宣讲。有些老同志还带病改稿、挑灯夜战,冒着夏日的酷暑,不为所动,玉汝于成。

刘恩同志,大伏天把腿烫伤,皮肤都掉了,肿得像烂柿子一样,一条腿不能动,还要防感染,天热得难耐。就这样仍然没有放弃宣讲稿的写作。一边上药、一边护腿打吊,歪着身子,在沙发或床上杠着;一边还在琢磨怎么写好法治与实现中国式现代化的关系。看到他的腿被烫的的照片,让我扎心、感动不已,那段时间他是怎么熬过来的,真是不可想象。

　　程国辉同志,已年逾古稀,起草稿件连标点符号都不放过。去年心脏病突发,跑到市里就诊,恐怕打扰团里麻烦大家,不声不响地做了心脏支架手术后,仍手不离稿、稿不离手,废寝忘食地撰写讲稿,并把乡村振兴和家乡宝坻经济和社会发展的亮点融进稿子里。因为我俩在广电局一起搭班子,我太了解他了,他是自己跟自己过不去的人,不满意的稿子他绝不放过。

　　最令人敬佩的是苏华同志,自己得了绝症,在医院病房里仍然不放弃修改"党的二十大精神宣讲进校园"的稿件,头天他把万余字的宣讲稿交到同志手中,第二天就溘然去世,让人泪目相送,对党的事业的忠诚天地可知,宣讲团全体同志集体向他默哀致敬! 侯隽、张振祥等领导,到家中吊唁慰问。见到苏华的遗体,我也泪如泉涌。这老弟,我们一起在县委宣传部工作多年,那种公而忘私的革命精神至今历历在目。老弟呀,你怎么走得这样急,校园宣讲孩子们还想听到你那熟悉又亲切的声音呢!两位关工委领导,紧握住苏华夫人的手不放,千叮咛万嘱咐一定保重身体、渡过难关!

　　可以这样坚定地说:苏华同志是宝坻区老干部宣讲事业的英雄,必然留下浓墨重彩的一笔!

　　心中有情。感情这个东西确实很奇妙,有了她事情好办多了,应该说我们老干部宣讲团是情感的混合物,这么多年能够走得好、走得远，也是像于此。这种情感，一个是对党的事业的情感；一个是同志之间建立起的情感，这种情感是非常纯净的，就像用潮白河水洗过一样透明清亮。我们这十位同志，家里各有各的困难，可能是待恋了，他们要离开，从我的心里就不能接受，真是有点舍不得，因为在我的心中早已构成了永恒的信念：我只要在宣讲团，没有极特殊的情况，一个不能走、一个都不能少！这就是我的真实心情。

在校园宣讲现场合影

吕文同志，妻子身体不佳，又有两个孙女需要照顾，本人身体也不好，他几次私下和我说，实在干不了了，你疼疼我，赶快找人吧！我很同情并委婉地对他说："一定保证嫂子身体健康，家里的事想想办法再克服克服困难。"他对我说："是呀！我也不好张口，关工委这些老领导都是看着我们成长的。"看着他那种藕断丝连的纠结，我就没再说什么。事后吕文用自己的行动否定了自己，克服家庭困难，充分发挥在部队当授课教员的优势，继续担负起"当头炮"——道德课的宣讲任务，可他自己背后的辛苦，又有多少人知道？

副团长袁淑英，是团里唯一的女性，在北京工作的儿子又生了二胎，两个大孙子，在大城市生活的艰难程度可想而知。她找到了我说："真不好向您开口，家里实在转不动了。"看到她那种为难的脸色,我的心里也很纠结。但情感又涌上心头,"淑英,你和王瑞海是咱宣讲团创始人,又是副团长,我有点不近人情了,在我这任上一个也不能走,先让保姆盯一盯,你打时间差替补,该请假请假,给你放宽松条件。"听到我这样说,淑英也感动了,"您别说了,我继续干。"有时听说团里开会,她连夜从北京赶回来,特别是疫情期间,没有一次耽误"第一课"的道德课!

副团长王瑞海,我们两个应该是老同事了,我们一年进的县委宣传部,后来他是宣传科长,我是新闻科长,给部长、县委书记写的大材料都是出自他手,听说我要来宣讲团他非常高兴。俗话说:软大头遇上硬二手,就如虎添翼。除了做好本身课题宣讲,瑞海打内、淑英打外,配合默契。瑞海的工作态度就像老黄牛一样默默无闻,把套总是拉得满满的,除了讲好自己的学业课,团里每年的总结和重要材料也都是由他完成的。不用扬鞭自奋蹄,属兔的年龄也72周岁了,可就是这么任劳任怨、用心用力,彰显出一个老宣讲员的本色。

庄子语录:"谨慎能捕千秋蝉,小心驶得万年船。"在这里我要改一改:"老当益壮千帆过,情感驶得万年船。"宣讲团这十年,队伍一直这样地稳定有活力,情感是个最大的黏合剂,紧密地连接着我和你。

心中有爱。中国式现代化你们怎么看、怎么想、怎么办?这宣讲"三问",在高一同学心中产生了强烈反响,他们对讲大德、守公德、严私德有了全新认知。2023年的宣讲,这些老同志把中国式现代化融入情感、融入对下一代孩子们的挚爱。通过宣讲使同学们对中国式现代化的五大特征和重大战略国策有了深刻的认识,明确了身上担负的重要职责与使命。老同志的这种挚爱和对他们的殷殷希望更是感动了孩子们。

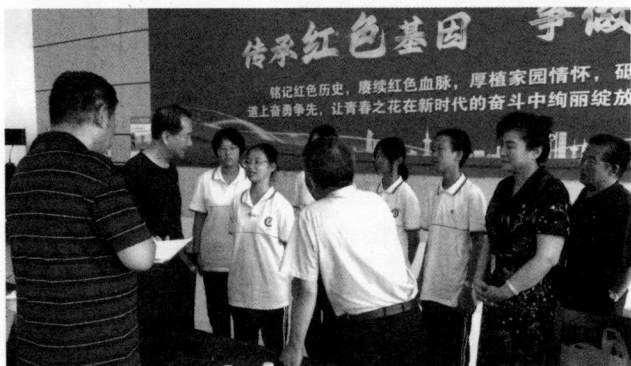
与高一新生亲切交谈

李平同志,善于从数字、事件上入手,就高一同学学好学业课与中国式现代化的关系娓娓道来,他的讲课就像爷爷给孙辈讲故事,投入了挚爱与厚爱,"到2035年,我国将全面建成社会主义现代化强国,你们那时大学毕业年富力强,开始担当大任,同学们努力奋斗吧!你们赶上了好时代,不负时代、不负韶华、学好本事,祖国的未来是属于你们的。"此时台上台下那种眼神儿互动产生的共鸣就像一幅多彩的画卷。

法治课比较难讲活分,景金刚同志出于对同学们深沉的爱,用尽了心思,他把知识点与故事化融合在一起,从案例入手,讲危害、谈体会。结合本区和外地校园发生的活生生的案例,告诫高一新生们,"不良行为是违法的前奏,一定要从杜绝不良行为做起,遵守校园纪律、遵守法律法规,千万不能越法律法规雷池半步,否则那将毁掉你的一生,给家庭、父母带来极大痛苦。"他的话,像是一种告诫,更像长辈发自心底的嘱托。

家乡情、家乡文化,这是植入孩子们心灵深处的根脉。杨宏起利用他担任区档案局局长的优势,把宝坻革命史这一红色文化基因,进行没有图像的沉浸式宣讲,有稿不念稿,脱稿不离稿,坐在讲台上,就像一个故事大王,把宝坻的由来、日本侵略宝坻的时间、宝坻第一个党员、宝坻人民反抗日本帝国主义和与国民党反动派做斗争、宝坻人建设家乡的豪情等讲得栩栩如生。听到这课题，孩子们觉得很新鲜，为宝坻前辈们的革命精神而深受感动震动。每讲一个地区实例，宏起还让孩子们举手，"这里有林亭口的同学吗？有八门城的同学吗？有赵各庄的同学吗？"这种互动，连通了讲者与听者的心绪，连通了隔辈人的心绪。今年是抗日战争胜利八十周年，宣讲团又开启了"纪念中国人民抗日战争胜利八十周年宣讲进校园"活动，宏起同志是宣讲的骨干力量。

老干部宣讲团的这"三有"，是大家共同的精神财富，只不过在文字叙述上列举的例子，采取了技术处理、分题各用，使文章精炼而已。八个宣讲员都是口笔相应的高手，讲课中热烈的掌声、开怀的笑声和课堂静得连掉下一根针都能听到的静谧，就充分说明了这一点。

孙守权、王瑞海、袁淑英可以说是宣讲团的创始人或者说是第一批宣讲员，从2013算起他们已在这个集体工作了近十年。寅虎之年岁尾，我就一直在脑子里想着这件事，何不搞一个"十年颁证仪式"，为这三位颁发证书，这种仪式感，不仅对本人、对其他团员也是个激励，因为他们做的都是党的崇高事业，十年凝聚着他们太多的心血。而且今后形成制度，只要在宣讲团工作十年，都颁发这样一个证书，举行这样一个仪式，这对他们也是最好的褒奖。我的建议得到侯隽、振祥、素艳等关工委领导极大认可和高度重视。

2023年春，区关工委隆重举行仪式，表彰孙守权、王瑞海、袁淑英三同志宣讲工作十周年，关工委领导侯隽、张振祥、李维怀、王素艳、李海等出席。宣讲团全体同志参加。

领导颁发证书

2023年3月12日上午,区老干部活动中心东厢房不大的会场,氛围热烈祥和,主会场悬挂着红底白字的会标:"宣讲十周年颁证仪式"。分管宣讲工作的主任王素艳发表了热情洋溢的讲话,对三位同志给予高度评价并对今后宣讲工作提出了更高要求。随后侯隽、张振祥、王素艳向三位同志颁发证书,全场响起热烈的掌声。在这之前,许多同志并不知道颁证,进到会场,看到这样的仪式他们也激动了,"想不到我们来宣讲团工作还有这样高的政治待遇。"颁发证书,与其说是表彰宣讲十周年的三位同志,不如说是表彰全体团员坚守党的这一崇高事业激起的荣誉感。会议室的热烈气氛与室外春天的气息融合一起,置身这种氛围,我有感而发,写下了几句顺口溜:

颁证之歌

两男加一女,党心聚一起;权海英之恋,情谊重于山;花甲又古稀,坚定乘千里;关爱下一代,春风在抖起;红证似玉盘,拨亮人心底;感谢关工委,暖心办仪式;十年磨一剑,宣讲再开启!

写完这几句话,我的思绪已飘向了受证者,飘向了我非常敬仰的宣讲团的全体同志!

今年三月,区关工委以同样的方式,给我和吕文、程国辉三位同志颁发十年宣讲证书,感到十分温暖与光荣。

领导颁发证书

四

"新竹高于旧竹枝,全凭老枝为扶持。"郑板桥《新竹》这句诗真是太有味道了。就我们宣讲团来讲不也是一样吗?这些年我们还有一个意外的收获,就是关工委的这些老领导,可以说是看着我们这些人成长起来的,在职时他们给我们培过土、浇过水、掰过权。退休进宣讲团,又给了我们一次重新补课的机会,我们又有久违的感觉,零距离地又一次感受了他们那种慈祥智慧、平易近人、党性修养、站位高端、知识渊博、做事老道、与时俱进的境界与工作精神。真的太有缘分了,老了老了,又一次得到老领导面对面的点拨,零距离感受他们的那种工作气场,有时还自觉不自觉地在他们面前撒娇、斗嘴,重拾在职时的乐趣,更有一种返老还童的感觉!

253

宣讲团全体同志合影

刘少东这个四级调研员的办公室主任，看着他前前后后服务关工委这些老领导，我都有点羡慕了。他岁数不大，在与宣讲团沟通协调服务中，真切地感受到了他的那种耐心、周到、老练，想必是他和这些老领导学到了好多东西，不然工作中怎么那么娴熟，做得那么得心应手？我真不是人为地捧少东，还有高升的王喜，咱老干部活动中心的工作人员都那么优秀。这还是源于那句老话，跟着啥人学啥人，跟着这些德高望重的老领导在一起，他们能不优秀吗？

在宣讲团，与我密切接触的刘玉祥、李彦生、赵庆东三位区老干部局局长，我知道他们心里都饱含着区委的精神和区委组织部门的要求，对宣讲团倾注的心血，可以说是甘泉如海、滚烫炽热，从他们的所作所为，不是一样看到了这些关工委老领导在他们身上的影子吗？这就是继承与传承的魅力，党的事业、红色文化基因生生不息就是这么来的。

我的情绪有点控制不住，话说多了，但都是发自内心的。

难忘夕阳花又红，全凭老枝为扶持。作为团长，我由衷地感谢大家无微不至的支持与帮助,致敬老领导!致敬宣讲团!十年,这情、这义永远镌刻在自己的心底。

辰龙凯旋,银蛇舞起。2025年,又是个奋发年,全体宣讲团成员,正以饱满的热情,投入宣讲的准备工作,等待金秋的到来。老骥伏枥腾龙跃,不用扬鞭自奋蹄,脸上的皱纹荡起波浪,花白的银丝散发着芳香。他们迈着更加矫健的步伐,走上大讲堂,以"讲好宝坻故事"为主题,进一步深化推进中国式现代化、乡村振兴宣讲进校园!

写于2025年2月28日

后　记

　　感恩,这是留在自己心底最深沉的底色。

　　父母在世时就一再教导我们:"忘记别人的不好,千万要记住别人的好!"滴水之恩涌泉相报,在我幼年的心里就播下了种子,生根、发芽逐成魂魄。可能自己有时某些方面做得不好,但感恩于人一直没曾变过,因为这是做人最起码的尺度。

　　这一路走来,特别是在职工作时期的工业、财税、县委、广电、政协,相遇知己、相遇贵人、相遇领导、相遇同事,提携、帮助方方面面。我这人比较心粗,平时工作中不会照顾人,特别是在区广电局工作时更是如此。可大家却是那样的包容与理解、支持与帮助,让我感慨万千,唯有回报。

　　退休了,怎样回报他们的这份情意? 这辈子也没啥本事,只有用文字书写出他们的光辉,留下他们那些深刻记忆;留下工作中的深厚友谊、拼搏进取的故事与感怀;留下脚踏乡土、同心携手,创造美好生活的经典乐章。给同事朋友留个念想,给情感谱个心曲。这在我出版的几本书里都有真诚答案!

　　不言自明,我写书、著书的真正动力,根本来源于不尽的乡愁和对于恩赐我的人的感恩,这两个因素缺一不可,缺一都不会有这么大的精力与魄力,写成这样的几本书,因为我终归是个年已古稀之人,又不是专业作家,哪能有那么大的爆发力!

只因如此，退休后才拿起笔，从事起业余文学创作。这一晃又是近十载春秋。文墨飘香丹桂花，知音知己相知来。我又遇到了好多文友，尤其是在全国文化艺术界的知名大朋友，多少次精心点拨，多少次面授机宜，多少次批改作业，多少次捧场助威，让我受益终身，难以忘怀。

　　我出生在文化底蕴深厚的宝坻，出生在有亲和力的故乡，这些领导、艺术家、文化学者和朋友，指点我帮助我，很大程度更来自他们对宝坻这块热土的无限深情，才与我"沾亲带故"，我就是那个沾光的人，通过文学创作，成了连接他们与故乡宝坻的纽带。在兹念兹，普惠与兹，五个重要出版首发研讨会的热烈发言、七篇洋洋洒洒的炽热序言、六位名家题写书名的笔墨深情、三次文化栏目的高端访谈等，此情此景仍历历在目，挥之不去！

　　唯有感恩、谢恩，才能舒展心绪。我是一介布衣，怎样把这种心绪永远留住，唯有用文字写出来，包括之前六本书没有来得及记录的鲜为人知的故事、重要事件等，也以"作品附记"章节，达意此心。我又一次想到了出书并与天津人民出版社沟通，天津人民出版社给予大力支持。经过反复构思，征求身边同事、朋友意见，书名为《渠水情——张伯苓作品大家谈》。

　　宝坻，远古时期称为"渠水"，又有渠河、苍头河之称。东汉末年，曹操发展军事屯田，疏浚挖渠，向东延伸，与泉州渠衔接，称渠水。因此民间传说，是潜龙之脉。如今宝坻水丰草美，河流、沟渠纵横，成为在水一方的宝地，从古到今演绎出多彩的华章。我的作品都是根植于家乡的这一血脉，水渠文化在书里担纲主角，"大家谈"一脉相承，他们对宝坻的水韵文化、农耕文化、曲艺文化、戏曲文化和涵养出的乡土中国，更是情有独钟，有感而发，其意义已经超出作品本身，由讲好宝坻故事，上升为大局观:继承与发扬中华优秀传统文化,提振中国精神、中国力量!

还有我的六本书出版后,河北廊坊、唐山丰润等各地读者慕名求书,宝坻乡贤和诸多朋友,对我更是一以贯之地热情鼓励。特别让我记忆犹新的是,八十六岁的王兰老先生,曾出任宝坻区农委主任,担任过八门城我老家的父母官,还亲笔写信抒发读后感言,并作诗一首:"吉日清晨闻鹊鸣,伯苓赠书亦传情。双手喜握书一部,作者署名张伯苓。入舍即读心沸腾,崇拜拥头拇指擎。爱不释手频翻阅,字句能触我心灵。朋著乡书为首见,耄龄之得实为幸。党心民心书中透,字里行间显亲情。征途驰拼数十载,一生耕耘绽彩屏。伯苓思行我敬佩,吾披晚霞尽践行。"洋洋十六行诗句,抒发读后的真情实感和对我的炽热鼓励,让我感动于心、不知所措,唯有感恩,不再赘述!

感谢天津市文联原党组书记、常务副主席、研究员、国家一级编剧万境明先生,百忙中为新书作序。因为这些年、特别是因为马季艺术研究会和联合打造马季相声艺术文化品牌的工作,我与万书记从相识到相知,结下了深厚友谊,她了解我、抬爱我,当我要出这本新书,她极其爽快地答应撰写序言。曹俊峰同志一以贯之地整理文字照片;张素梅老师在《窝头河的春天》首发出版座谈会发言时,当着大家的面深情地说:"今后伯苓主席再出书,如果有幸的话,您还在我们出版社出、我还是做您的责任编辑。"让我感慨万千。真诚地说一句:感谢曹俊峰,感谢张素梅老师!本来也想请人题写书名,三思后,觉得这是感恩的书,想起白居易《与友人书》"万事须勤行,待人莫造极"的诗句,萌生出一个大胆想法,何不自己亲自动笔,以表诚意。虽然自己的字不咋样,可那是诚意啊!虽然退休后我一直学书法,但还是专心致志地练了几天,终于写出"渠水情"三个字,释怀了许多。

258

记住这些"大家谈"，留住"渠水"的情意，致敬有恩于我的朋友们！留住心绪，留住历史，留住乡情！

张伯苓

2025 年 4 月 30 日